CONVENTO DA VIRGEM

RUA IPIRANGA

MUSEU IMPERIAL

IGREJA LUTERANA

CASA DOS SETE ERROS

RUA DA IMPERATRIZ

TEATRO MUNICIPAL

PALÁCIO AMARELO

OBELISCO

CORREIOS

RUA DO IMPERADOR

PETRÓPOLIS

Um passeio pelo centro histórico

Virginio Cordeiro de Mello
com ilustrações de
Maurício Cordeiro de Mello

GRYPHUS

© *Copyright*
Virginio Cordeiro de Mello

Coordenação Editorial
Gisela Zingoni

Capa e Projeto Gráfico
Valéria Naslausky

Editoração Eletrônica
Rejane Megale Figueiredo

Ilustrações
Maurício Cordeiro de Mello

Copydesk e Revisão
Roberto de Souza Madeira e Adilson dos Santos

CIP-Brasil. Catalogação-na-fonte.
Sindicato Nacional dos Editores de Livros, RJ.

M482p
Mello, Virginio Cordeiro de, 1939-
Um passeio pelo centro histórico de Petrópolis / Virginio Cordeiro de Mello; com ilustrações de Maurício Cordeiro de Mello. - Rio de Janeiro: Gryphus, 2005
   156p. : il.
   ISBN 85-7510-094-7
1. Petrópolis (RJ) - História. 2. Petrópolis (RJ) - Descrições e viagens. I. Mello, Maurício Cordeiro de. II. Título.
05-3798.   CDD 981.532
                   CDU 94(815.32)
01.12.05   06.12.05   012470

GRYPHUS EDITORA
Rua Major Rubens Vaz, 456 — Gávea — 22470-070
Rio de Janeiro — RJ — Tel.: (0XX21) 2533-2508
www.gryphus.com.br — e-mail: gryphus@gryphus.com.br

"...e a população de Petrópolis não é menos agradável que a sua paisagem. Essas pessoas de origem nórdica parecem particularmente alegres e, via de regra, os alemães adaptados aqui são bem melhores do que os teutos em sua própria terra."

"Sem dúvida alguma, Sua Majestade Imperial não irá abandonar esta cidade que ele mesmo criou, a "pequena aldeia do Córrego Seco", convertida por ele em corte e centro de veraneio."

Sir Richard Francis Burton (1821-1890)

(Diplomata e aventureiro inglês de passagem por Petrópolis em 1867)

Para...

Para os velhos amigos de conversas na praça D. Pedro II.
Para o cidadão luso que abriu, em uma noite de tempestades,
as suas prateleiras de bebidas.
Para o louco manso com idéias de esquerda e o bêbado reacionário
de direita. Em tempo: para todos os bêbados de boa vontade.
Para os boêmios, filósofos ou não, cuja noite é cheia de poesia
e esperança.
Para aqueles que vieram à procura de uma nova oportunidade
de serem felizes.

UM HOMEM MORAVA EM UMA CIDADE MUITO BONITA. *Ele saía sempre correndo de casa para os sérios e graves compromissos do seu trabalho. Usava as ruas bem cuidadas da sua cidade apenas como uma pista onde ele ia em busca de dinheiro para um dia viver bem em um lugar bonito.*

Um dia ele encontrou uma pedra mal colocada na calçada, afinal a cidade era bem cuidada mas, como nada é perfeito, nela tropeçou. No pronto-socorro colocaram gesso no pé machucado. Passou a ter a maior dificuldade para andar. Durante as suas idas, agora devagar, ao trabalho, para sua surpresa, percebeu os mil detalhes, pessoas, casas, sons e cheiros que formam a essência de uma cidade. Passou a cumprimentar os novos conhecidos e os velhos moradores, que o viam sempre passar sempre apressado. Em conversas, soube de muitas histórias do local, como de um parente que viveu naquelas ruas há muito tempo. Isto lhe deu um sentimento novo: de pertencer a uma evolução, de ser um elo importante e de viver em um belo lugar.

A alma de uma comunidade só pode ser vista através dos olhos e dos sentimentos de seus habitantes. Mostrando um lugar ou um jardim, procuro as pessoas que existiram aqui. Elas eram como nós, com os mesmos defeitos e esperanças. Talvez o sotaque e, com certeza, a maneira de vestir eram diferentes mas, o que somos hoje como brasileiros, é apenas continuidade do que eles foram.

O homem é territorial e precisa conhecer e marcar o seu espaço. O lugar onde vivemos adere como uma segunda roupa e determina a nossa personalidade. Se tivermos a sorte de gostarmos do lugar onde vivemos, melhor; isso nos fará mais felizes e o caminho é o de explorar e ver, com vagar, o nosso ambiente.

Eu tive esta sorte. Ao observar a minha cidade, descobri em suas dobras e sombras uma rica herança que permeia o nosso dia-a-dia. Não tenho a pretensão de escrever um trabalho histórico.

Não espere encontrar dados de pesquisas científicas nem matéria para fundamentar alguma tese. O que escrevi é apenas sobre um passeio, um caminhar lento pelas calçadas desta bela cidade.

A idéia de escrever este relato veio de levar a passear algum visitante amigo pelo nosso centro histórico. Qualquer habitante de uma cidade pequena e com histórias do passado já teve este prazer: mostrar e contar sobre o seu espaço urbano. Mas, durante a caminhada e nas conversas senti uma monotonia: faltava algo... Faltava aproximar do nosso cotidiano todo aquele passado histórico.

Então deixei a minha imaginação se envolver com as referências históricas, a aventura de ter sido criado aqui e a emoção vinda do amor por esta cidade. Tenho a esperança de, através deste livro, poder levar ainda mais gente a ver e compreender esta Petrópolis que tanto amo.

Enfim, o que descrevi é, antes de tudo, um passeio amoroso...

Petrópolis teve origem em um sonho. D. Pedro I ficou encantado com a natureza magnífica desta região montanhosa e sonhou fazer ali o seu palácio de verão. Mais tarde, o imperador D. Pedro II realizou o sonho do seu pai construindo um palácio em Petrópolis. Ordenou então ao engenheiro alemão Júlio Koeler que planejasse aquela que viria a ser a única cidade imperial das Américas. As suas ruas têm que ser percorridas a pé e, já que vieram de um sonho, precisam ser vistas em suas várias camadas como um palimpsesto. Assim, lentamente, nos surpreendendo, como ao descobrirmos, aos poucos, o corpo da pessoa amada.

A primeira camada é a da névoa – o ruço como aqui é chamada – que, ao dispersar-se, revela lentamente o verde dos jardins das casas.

A maioria das ruas é fundo de vale. Nelas temos um rio, sempre manso e de nome simpático como Quitandinha, Piabanha e Palatinado. As árvores em volta se aproveitam das suas águas e florescem, marcando o seu curso em cores.

Gosto da nossa chuva e de escutar, protegido em casa, o seu gotejar do beiral. Gosto do cheiro vindo da terra e o brilho transparente das coisas quando molhadas. Gosto do silêncio do inverno, tempo de manhãs de sol, frias e luminosas, nos maios e junhos da serra. Gosto daqui e, por isso, o levarei, como a um amigo, a visitar a minha cidade.

Comecemos pelo obelisco, no centro da Rua do Imperador; cuidado ao atravessar a rua: não tem faixa de pedestres. Mas o pessoal aqui costuma respeitar os pedestres.

Observe: nos quatro cantos da sua base estão os nomes das famílias alemãs que primeiro povoaram a cidade. Não tente pronunciá-los: é muito complicado, mas vale para procurar um sobrenome de algum conhecido.

A economia na Europa estava um caos no fim das guerras provocadas por Napoleão. A Alemanha não oferecia nada além da fome e nenhum futuro para seus camponeses. Foi quando um grupo de 238 alemães, reunindo pouco dinheiro e muita coragem, fretou um navio para a Austrália. O navio, de nome *Justine*, partiu do porto de Havre, na França. A maioria dos alemães vinha das regiões da Renânia e Westfália, do Grão-Ducado de Hesse-Darmstadt e do Ducado de Nassau, onde hoje está a região de Hunsrück. Durante a viagem eles se revoltaram com o péssimo tratamento em termos de acomodação e comida – talvez tenha faltado chucrute e cerveja – o que provocou um motim a bordo. O capitão, com medo (imaginem mais de duzentos alemães irados), prudentemente desviou a rota, que contornava a África, e foi para a direita, aportando no Rio de Janeiro em novembro de 1837.

Nesse tempo já estava a serviço do governo brasileiro um engenheiro alemão chamado Júlio Koeler. Ele, como veremos adiante, foi quem planejou Petrópolis. Era também um ferrenho defensor da mão-de-obra livre. Na construção da estrada da Serra da Estrela, onde era o responsável, ele constatara a superioridade dessa mão-de-obra em comparação ao trabalho escravo. O engenheiro, sabendo do caso do navio, foi ao porto do Rio e não só convenceu os alemães a ficarem, mas também teve a autorização do governo para contratar os imigrantes para o trabalho na estrada. Somente três alemães continuaram a viagem; em 1839, quando terminaram as obras da estrada, a maioria do grupo estabeleceu-se aqui, no bairro do Itamaraty. No ano seguinte, o Visconde de Baependi fundou uma escola para alfabetizar, em português, os filhos destas famílias. Logo, podemos concluir: os primeiros colonos alemães, entre os quais os Brünner, meus antepassados, chegaram aqui brigando, o que não é, para quem os conhece, surpresa!

O major Koeler pôde comprovar a sua tese e levou muitos membros do governo, defensores do trabalho escravo, a mudarem de idéia.

Cinco anos depois, a mando do Imperador, o Visconde de Sepetiba, presidente da província, contratou uma firma na Europa para selecionar e enviar para cá seiscentos casais de imigrantes. Na versão do contrato para o alemão, as palavras marido, mulher e filhos foram substituídas pela palavra família. O resultado foi a vinda de seiscentas famílias, com todos ascendentes e colaterais, em um total de 2.300 alemães.

O primeiro navio do contrato, o Virginie, de Dunquerque, chegou aqui depois de quarenta e cinco dias de viagem bastante penosa. Do Rio de Janeiro partiram de barco a vela para o Porto da Estrela, no fundo da Baía de Guanabara, onde hoje é Magé: prosseguiram a pé, por três dias, e tiveram abrigo precário, nas duas noites de viagem, na antiga fábrica de pólvora e no meio da Serra da Estrela.

Após chegarem ao Alto da Serra continuaram por uma trilha onde hoje é a Rua Teresa (aquela das confecções). O fim da viagem era a Sede da Fazenda Córrego Seco, onde se apresentaram. Era uma típica casa grande, depois demolida para construção de um prédio chamado hoje de Pio XII. A cidade não tinha sido fundada e o local ainda era conhecido por Arraial de Córrego Seco.

A coragem e a tenacidade não são só qualidades do colono alemão. Há poucas décadas um rapaz português imigrou sozinho para vir ao encontro de alguns parentes distantes, moradores de Caxias, próximo da cidade do Rio de Janeiro.

Tendo aceito um trabalho em Petrópolis, mas sem dinheiro para a passagem de ônibus e procurando conservar a sua dignidade frente aos parentes, veio a pé. Subiu a serra arrastando a sua mala em uma jornada de dois dias e uma noite. Quando escutei a história contada por este mesmo herói, já comerciante de sucesso e rodeado de filhos e netos, senti nas suas palavras o justificado orgulho pela sua odisséia.

Os nossos colonos eram pessoas simples. Chegaram em busca de nova oportunidade para serem felizes e recuperarem a sua dignidade em troca do seu trabalho árduo. Esta simplicidade atraía outros patrícios, incluindo os que tentavam continuar, nesta comunidade, os mesmos erros de pensamento e seqüelas da Europa. Em 1850 foi contratado na Alemanha um padre para ser o capelão junto à colônia católica de fala alemã. Chamava-se padre Wiedmann. Bastante dinâmico e trabalhador, logo conseguiu, no bairro da Mosela, um grupo maior de paroquianos. Ao invés de contribuir para a integração deles nos hábitos da nossa terra, ele, nos seus sermões, de logo demonstrou o seu desprezo pelos antigos habitantes locais. Dizia aos fiéis que os brasileiros eram o resultado da mistura de judeus portugueses, ciganos e prostitutas mandados para cá desde o início da colonização. Pedia aos alemães para não se misturarem e não esquecerem os hábitos e as tradições de suas origens. Fundou um coral onde cantavam, em alemão, o hinário da cidade de Trier. Quando adveio a primeira Semana Santa, organizou uma procissão de Corpus Christi que, segundo ele, "não tinha as deformações brasileiras" do rito.

Como o Major Koeler, administrador da colônia, era luterano, prova do espírito integracionista do governo, o padre Wiedmann tratou de atacar não só o seu trabalho, mas a sua pessoa. A Igreja Católica, percebendo o perigo, limitou, inicialmente, à meia hora o sermão falado em alemão.

As coisas pioraram quando o Episcopado nomeou um brasileiro pároco de Petrópolis: o padre José Antônio de Mello, que era capelão militar da Real Fábrica de pólvora, situada no início da Serra, e que, por ironia do destino, encontrou aqui um barril de pólvora religioso e social.

O novo capelão, não vendo com bons olhos a atividade pastoral xenófoba, acabou com o canto alemão e as coletas de dinheiro na porta da igreja antes da missa. Determinou ainda que esta fosse celebrada sempre com três padres, de acordo com o costume brasileiro da época, tornando assim mais verde e amarelo o culto. Foi o que bastou para a revolta do padre Wiedmann e dos seus seguidores mais próximos. O governo teve de intervir com tropa do Exército, prendendo e destituindo o pequeno Führer encastelado na Mosela.

No inquérito policial ouviu-se os colonos e se concluiu que o padre Wiedmann era, antes de padre, um chefe político que os tinha incitado à revolta, porque não admitia o processo inevitável que viria de adaptação, terminando em uma identidade transcultural.

A influência dos colonos foi importante como formadora cultural. Mas não ocorreu aqui o mesmo observado nos outros países da América do Sul: neles foram moldadas culturas voltadas para a origem dos imigrantes. Jorge Luiz Borges, o escritor argentino, disse serem os seus patrícios europeus expatriados, porque boa parte da classe média argentina tem dupla nacionalidade.

Apesar da desproporção numérica em certas áreas, como o negro na Bahia, a alemã aqui e no sul, a japonesa em São Paulo, nenhum local se tornou um enclave de idéias e costumes da terra de origem destes povos. Nós somos um povo novo, liberto do ranço milenar dos colonizadores.

Temos a mesma cultura envolvendo a todos e gerando

uma forte definição brasileira claramente reconhecível quando comparada, ombro a ombro, com outras nações.

Vamos atravessar para a Praça Dom Pedro e aproveitar para dar uma olhada na estátua do nosso Imperador filósofo que, como intelectual que era, está sentado numa pose meditativa. Tem um livro entreaberto na mão direita e sob a cadeira outros livros e jornais. Prefiro esta estátua àquela do museu onde está em pé e fardado.

Ande um pouco mais à frente e entre na Casa D´Ângelo para um chá. Ela já era referência desde o século passado. A propósito, esqueci de sugerir o passeio no princípio da tarde, para dar tempo de ser surpreendido pelo ruço. Depois volte para a praça e atravesse a ponte em frente à esquina do museu. Pare no meio e veja, à esquerda, o rio margeado de árvores.

No fim da ponte à direita existe uma outra praça, continuação da Praça Dom Pedro, cujo nome é Praça dos

Expedicionários. Os monumentos servem não só para comemorar. No meio desta praça vemos o que lembra os 25.000 brasileiros que lutaram na 2ª Guerra Mundial, na Itália. Estão os nomes dos petropolitanos mortos em ação, em nome da terra que acolheu os seus antepassados. Alguns são até de origem alemã. Dê uma olhada em frente, no nosso Teatro Municipal. Com traços da arquitetura art nouveau e art déco, ele foi inaugurado em 1933.

Volte pela calçada do Museu: terá a sensação de voltar no século, com o cheiro dos cavalos e a roupa dos cocheiros nas charretes. Assim como hoje, os sonhos de consumo da época tinham também um modelo de veículo cuja força era de apenas um ou dois cavalos. Os tipos eram os mais variados com as suas vantagens sendo defendidas ferozmente pelos seus proprietários. Experimente, hoje, falar mal de algum carro a seu dono e terá um aumento do tom e um tremor na voz,

Victória

acompanhada de uma gesticulação veemente: quadro próprio de defesa da honra ferida. Pior ainda se a compra foi recente. Existem homens que escolhem seu carro com mais cuidado do que escolhem suas mulheres.

O modelo que dava mais *status* na época era o da carruagem *Victoria,* de origem inglesa, criado no condado de Devon, cujo nome era homenagem à sua rainha, com quatro rodas lhe dando estabilidade para não ficar balançando como as charretes de duas. Vê como já estou tomando partido deste modelo! Cabem quatro pessoas, tornando este um veículo familiar: os pais se sentavam no banco maior e os filhos no menor, de costas para a frente. O cocheiro ficava em nível mais elevado, não participando das conversas. Sobrava ainda, ao seu lado, mais um lugar para uma eventual carona. Estas carruagens eram usadas como transportes entre bairros, e seriam os táxis da época, marcando ponto até na estação ferroviária.

Continue e passe em frente à entrada do Museu. Não entre, deixe para o fim do passeio, mas trate de comprar logo os bilhetes para o espetáculo "Som e Luz". Creia-me, é imperdível! Nesta mesma bilheteria existem à venda objetos com a marca de Petrópolis. Dê uma olhada; compre-os se eles não se transformarem, em casa, em uma inutilidade, ou caso sirvam para dar a quem esquecemos de mandar um postal: teremos então, além das palavras de gratidão e olhos úmidos de emoção, passado adiante o problema do que fazer com eles.

Ao sair veja o palácio amarelo em frente, no meio de um lago, onde temos uma águia almoçando uma serpente, cuja origem ainda é controvertida. Alguns historiadores comentam ter sido presente da Argentina para comemorar a Proclamação da República. Outros dizem ser a águia símbolo da república abocanhando os nossos impostos.

Siga na mesma calçada em direção à rua com o nome do nosso poeta local, Raul de Leoni. Morreu em 1926 e, como todo romântico da época, era jovem (trinta e um anos) e doente dos pulmões. Publicou um único livro, *Luz Mediterrânea*, e escreveu "Ode a um poeta morto", dedicada a Olavo Bilac.

Dobre à direita na Rua Ipiranga e logo verá a Igreja Luterana. Em 1845 existiam aqui 1900 alemães, sendo 700 evangélicos, o que demonstra, já, o espírito liberal que inspirou a colonização, visto que a corte e o resto do país constituía-se de católicos. A igreja, como não podia deixar de ser numa

Igreja Luterana

comunidade alemã, tem a fachada neogótica, mas conserva um interior singelo. Havia uma igreja mais antiga, também luterana, que não tinha "pretensões" góticas. Atendendo ao espírito econômico dos colonizadores, esta não foi demolida, mas aproveitada, apenas com pequenas modificações.

Devia ser muito agradável àqueles que tiveram a coragem de vir a uma terra estranha, com costumes e língua muito diferentes, ter um espaço onde a religião e a língua dos ofícios lhes eram familiares.

Em frente temos a casa de Rui Barbosa. Não, você não pode visitá-la, mas quando voltar pela outra calçada poderá ler a placa no muro. Continue e irá passar pelo portão da casa 544, que era de Joaquim Nabuco. Como um dos espíritos mais avançados da época, Nabuco já defendia uma lei democratizando o solo, chamada de Lei Agrária. Além de considerar a escravidão uma injustiça, ele julgava necessária a organização do trabalho através do sindicalismo e do ensino profissional. Desta vez você só poderá entrever a casa em meio ao jardim e o caminho subindo a colina. Mais adiante, no número 716, fica a Casa de Petrópolis, onde há muito tempo os filhos do proprietário representavam, à noite, cobertos com um lençol, um fantasma. Juntava bastante gente à espera da aparição e os debates sobre as origens do ser sobrenatural eram os mais acalorados. Alguns falavam até em acender velas. Somente muito tempo depois eu soube, por meio de um dos atores, a verdade prosaica. Ela é conhecida como a "Casa dos Sete Erros" na fachada; deixo para aqueles que gostam de problemas de almanaque, procurá-los. Os jardins desta casa foram projetados por um paisagista francês chamado Auguste Glaziou; até dá para notar, pelos canteiros limitados e arrumadinhos, diferentes do naturalismo de um jardim à inglesa. Ele era botânico e foi convidado, em 1858, a orientar a reforma

Avenida Ipiranga
"Casa dos sete erros"

Convento da Virgem

do Passeio Público do Rio de Janeiro. O seu trabalho pode ser visto nos jardins do Rio, como o Campo de Santana e a Quinta da Boa Vista.

Agora você atravessa a rua e volta, passando primeiro pelo Convento da Virgem onde, se for domingo, poderá entrar e assistir à missa das freiras reclusas. Esta é a única oportunidade delas terem contato com o mundo exterior. Aproveite para comprar "especulatos", uns biscoitos muito fininhos feitos por elas. Sei que recomendei iniciar o passeio na parte da tarde, mas se você teve a sorte de não ser obediente, poderá ver uma linda capela em estilo românico e simples, com um púlpito em concreto aparente. O resto não irei descrever, pois reservo aos caminhantes a surpresa da descoberta.

A Avenida Ipiranga é invadida todas as manhãs por atletas com suas roupas coloridas. Suando e bufando, eles se dividem em várias categorias facilmente reconhecíveis. Primeiro, os jovens gordinhos; correm sempre sozinhos e quando encontram alguém conhecido se limitam a um simples aceno. Correr e queimar as calorias do jantar do dia anterior passou à obrigação. Depois temos os "eternamente jovens", correndo com as companheiras, os homens com alguns fios de cabelos brancos e elas com calças largas para não exibir as gordurinhas. Por último vem a turma do "colesterol"; também os homens acompanhados das respectivas mulheres que seguem ao lado orgulhosas de os ver convertidos ao esporte peripatético. Esta categoria tem duas subclasses: os que temperam a corrida com uma rápida caminhada e aqueles somente da rápida caminhada. Esta última classe é a mais gregária e é encontrada em grupos de dois a quatro esportistas, que trocam informações sobre suas mais recentes taxas de glicose e triglicerídeos.

Passando pelo Colégio Social São José, leia a placa da casa de Rui Barbosa. Comprada em 1915, Rui Barbosa orientou a sua reforma. Como gostava muito de plantas, tratou de comprar o terreno ao lado para ampliar o jardim, cujo desenho os atuais proprietários procuram conservar. Os vizinhos de Rui Barbosa comentavam a sua elegância e educação durante seus longos passeios a pé.

Siga em direção à Catedral, cuja torre já pode ser vista à esquerda. Volte para o outro lado pela lateral de nossa catedral que, a exemplo da Igreja Luterana, é também neogótica.

Petrópolis, no seu centro, é toda do século XIX. Nesta época existia um retorno a estilos e idéias clássicas, como resposta às novas propostas culturais. Este retorno era maior em lugares conservadores. A França era o referencial para as artes e arquitetura mas, poucos anos antes do início das obras principais da cidade, Paris foi devastada por um movimento de esquerda chamado de "comuna". Este levante resultou da derrota francesa na guerra contra os prussianos e da queda do reinado de Napoleão III. Os "communards" atearam fogo nas Tulherias e em todos os prédios do Governo. Nesta revolução, onde o último baluarte foi Montmartre, morreram 20 mil pessoas; provocou no mundo uma sensação de insegurança em relação a ordem a que estavam acostumados. Acredito que os estilos neogóticos nos templos e neoclássicos, mais o colonial francês e alemão nas casas, sejam uma reação conservadora aos movimentos políticos da época.

Chegando à Catedral, não entre pela porta lateral. Procure a principal onde, à direita, iremos conhecer o lugar de repouso daqueles cujo sonho deu origem à cidade: a Família Imperial, inclusive a Princesa Isabel, cuja cópia da Lei do Ventre Livre está na pedra fundamental, sob o altar-mor. As pinturas e vitrais da capela chamada de "Panteon dos Imperadores" e da "Capela do Batistério" são de autoria do pintor Carlos Osvald, cujos descendentes ainda vivem em Petrópolis. Nascido em Florença, tinha dotes artísticos, assim como a maioria dos florentinos, talvez herdados do povo mais antigo da Toscana, os etruscos. Carlos Osvald fez sua primeira exposição em sua cidade natal em 1906 e o sucesso alcançado o estimulou a procurar o Novo Mundo. Foi professor na Fundação Getúlio Vargas e na Biblioteca Nacional no Rio de Janeiro. Encontrou em Petrópolis o seu pouso final, vindo a falecer aqui em 1971.

Vários outros templos de Petrópolis foram construídos no estilo neogótico: Sagrado Coração de Jesus (Rua

Montecaseros), Sant'Ana e São Joaquim (Cascatinha), Santo Antônio (Alto da Serra).

A grande rosácea da fachada ilumina as partes altas da nave da Catedral, e acima dela está o carrilhão com cinco sinos de bronze, fundidos na Alemanha. Ao entrarmos, olhe o coro com um órgão de 2.227 tubos. Mas antes, aproveite para ver, ainda no lado de fora, o conjunto de esculturas do francês Jean Magrou representando a Sagrada Família.

O neogótico é um resultado lógico da procura por mais luz e mais leveza. Representa um esforço no sentido de criar um lindo "conto de fadas" na penumbra, um abrigo fora de um ambiente estranho e hostil aos imigrantes. É uma lenda encantadora, com seus pináculos e suas colunas esbeltas, lembrança das florestas que eles conheceram na Europa. Este tipo de arquitetura tende a elevar o espírito e ocupa menos espaço. Na Idade Média, onde ele floresceu, era necessário combinar o máximo de segurança com o mínimo de despesa. Assim as pessoas passaram a viver em casas semelhantes a torres, já que a construção e a manutenção de muros e fossos de defesa eram muito caros. As igrejas eram locais não só de oração, mas funcionavam como centros cívicos, servindo até de último baluarte de defesa. Do alto das torres e através das janelas estreitas poderiam combater o invasor que conseguisse alcançar a praça principal da cidade.

A construção da Catedral levou 93 anos e foi terminada em 1969, justificando a expressão "obra de igreja", usada para toda construção demorada. Foi construído um andaime externo de madeira cujo apoio era direto no chão da rua para montar a estrutura metálica da sua torre, já que seu peso em pedra seria excessivo para as fundações. Havia na época umas bolinhas de papel vendidas em casas de fogos de artifício; ao bater no chão, provocavam, quase em silêncio, um pequeno clarão e uma nuvem branca. Eram inofensivas e tinham o nome do barulhinho que

Catedral

faziam: "Puf". O andaime externo, em certas noites, não tinha vigia. A molecada descobriu esta ausência e subia, protegida pela escuridão, para jogar bolinhas de "Puf" à frente das pessoas que passavam, tarde da noite e sozinhas, na rua. Imagine o pavor do cidadão se numa rua deserta, sem prédios próximos, onde ele pudesse identificar uma janela suspeita, visse um clarão e uma nuvem branca e isso tudo em silêncio. Lembro-me que alguns hesitavam e apenas aceleravam o passo, mas outros, talvez mais superticiosos, corriam desavergonhadamente, enquanto nós, agarrados nos andaimes, nos esbaldávamos de rir.

Ao sair da Catedral e descer as escadas em frente, veremos o lugar onde foi enterrado o major Julio Frederico Koeler, o planejador da nossa cidade. Nascido na Mogúncia, Alemanha, serviu o exército prussiano como engenheiro. Falava francês, além do alemão, já que a sua cidade pertencia à França, na época em que trocas e invasões eram freqüentes entre aqueles países. O seu tempo era de instabilidade e de horizonte profissional curto, já que era filho de um médico e não de militar ou nobre. Certamente por ser um homem inteligente e com capacidade de adaptação a qualquer ambiente, o seu espírito aventureiro o trouxe às nossas praias em 1829.

O exército brasileiro tinha falta de oficiais. Com a Independência do Brasil, os oficiais de carreira portugueses retornaram à Europa. Um homem com a formação militar de Koeler foi logo aproveitado no corpo de engenheiros, no mesmo ano de sua chegada ao Brasil. Tratou de aprender a nossa língua e não existe melhor e mais agradável método do que ter como professora uma mulher da terra. Casou-se, dois anos depois, com a brasileira Maria do Carmo. Participou da construção da estrada da Serra da Estrela, e até de um aqueduto em Barbacena. Ao comandar a construção de uma ponte no Rio Paraíba, demonstrou a superioridade do trabalho feito por homens livres, onde contou com a ajuda de um grupo de açorianos. Dentro do espírito libertário da época, encampado pela Princesa Isabel, que o transformou em Lei Áurea, Koeler procurou por outros imigrantes. Os brancos da terra consideravam o trabalho braçal coisa de escravo.

Uma das primeiras coisas que os alemães costumam fazer ao imigrar é fundar um clube de tiro. Numa dessas reuniões, em um domingo, na sua chácara no fim da Rua Monsenhor Bacelar, o major Koeler foi abatido por uma bala perdida.

Você verá a sua estátua olhando para uma de suas obras, a Avenida Koeler. Ele foi um dos primeiros no Brasil que usou um rio dentro do conceito arquitetônico, colocando as casas de frente para as suas margens. Até então os rios só serviam de esgoto nos fundos das casas. De início, ele pensou em uma

Avenida Koeler

Palácio da Princesa Isabel

colônia agrícola mas, prestando homenagem aos alemães, chamou os quarteirões de Mosela, Westphalia, Renânia, Bingem, Siméria, Darmstadt e Castelânia, em homenagem às regiões das famílias ali assentadas. Depois vieram colonos de outras origens, o que resultou no quarteirão Francês, Suíço e Brasileiro. Petrópolis foi a primeira cidade do Brasil a ter ruas planejadas de acordo com a sua topografia. Koeler determinou um afastamento mínimo de onze metros das margens dos rios com uma testada de terreno de acordo com a inclinação do solo de cada bairro. Alguns argumentam terem Salvador e Parati esta primazia, mas nestas cidades as ruas apenas seguiram a tradição européia de quarteirões, divididos por ruas em ângulo reto.

Continue em frente, pela direita da Avenida Koeler, mas antes de atravessar olhe a fachada da casa da Princesa Isabel. A sua entrada é pela Avenida, e lá estão os escritórios da Família Imperial, e um antiquário, já que o prédio é particular. O jardim e a parte comercial podem ser visitados. No jardim procure as camélias, que têm mais de cem anos, pois foram plantadas pela própria Princesa Isabel, que presenteava com flores brancas os simpatizantes da abolição. A camélia foi o principal símbolo da campanha abolicionista. A casa foi construída em 1853 pelo Barão de Pilar, e foi vendida ao Conde d'Eu em 1876. A Princesa Isabel gostava muito do lugar e contam ter ela dito, quando saía a pé com o marido para visitar o pai D. Pedro II: "Gaston, não esqueça das chaves." Isto ocorreu na mesma varanda que você vê agora, onde foi tirada, em 1889, a última fotografia da família imperial reunida no Brasil. Apeado do poder pelo movimento militar, D. Pedro II foi levado com sua família para o Rio de Janeiro e logo embarcado na corveta Paraíba, zarpando para o sul. Na altura da Ilha Grande, no litoral fluminense, foram transferidos para o navio do Lloyd Brasileiro chamado Alagoas, rumo ao exílio.

Com os proprietários banidos do país pela República, o palácio, para não se deteriorar, foi alugado a diversas legações diplomáticas como a da França, Alemanha, Chile, Bolívia e Estados Unidos. Afinal aqui ainda era o centro do poder no verão. As festas naquele tempo foram lendárias, e dizem ter existido um certo diplomata cuja inclinação para o "amor grego" o levava, na madrugada, a perseguir rapazes nos jardins, para escândalo das pessoas do lugar. A culpa deve ter sido do estilo neoclássico do palácio. Faunos e Efebos à parte, sugiro continuar pela avenida, separada agora pelo rio Quitandinha.

Esta é a mais bela via da nossa cidade, a ponto de merecer tombamento pelo patrimônio histórico.

A próxima casa de número 108 é a mais nova entre as mansões, já em estilo diferente, porque em 1933 não havia ainda o cuidado em preservar a harmonia arquitetônica. Ela deve ficar "meio sem jeito" entre o Palácio da Princesa e a outra casa de número 130 construída em 1854. Esta resulta da unificação de duas casas gêmeas cujas fachadas são como os rostos de todos os gêmeos: cara de um, reflexo do outro. No número 144, veremos uma jóia construída no final do século XIX pelo Barão de Petrópolis, com a frente bastante integrada ao jardim que a envolve carinhosamente. Logo ao lado, no numero 190, existe uma com ares de mansão refletindo o poder do seu ocupante da época, o Barão de Jaceguay.

Passando mais uma casa chegamos a uma das mais antigas, a de número 260, construída em 1872 pelo Visconde

Silva. Pertenceu a famílias ilustres como os Gaffrée e os Guinle. Foi colégio varias vezes até que, ao fazer parte do acervo de uma firma falida, foi arrematada, em leilão, pela Prefeitura para ser sua sede administrativa. Nesta você poderá entrar mas, como é um local de trabalho, aconselho um ar levemente preocupado e um passo um pouco mais rápido, diferente do arrastar típico de turista que você tinha até agora.

Ao sair você verá, em frente, uma ponte de madeira vermelha, de desenho comum na época da colonização. Caminhe até o seu centro e terá a Catedral à esquerda e a Universidade à direita. As moças da terra acham que este ponto tem, em sua geografia, a metáfora da sua escolha de vida: de um lado a igreja, com a idéia de casamento, filhos, lar, engordar, cabelos curtos (afinal são mais práticos) e rotina. Do outro lado, a Universidade com a realização profissional, independência, livre escolha, preocupação de estar se aproximando da idade crítica para ter filhos ou de não ter tido tanto sucesso financeiro.

Volte para a mesma calçada passando por mais duas casas também construídas antes do tombamento, uma com bela fachada de cerâmica decorada no estilo eclético – misturado – do Quitandinha, e outra com linhas retas e telhado da varanda

Avenida Koeler

diferente do corpo principal. Ambas destoando do conjunto da Avenida.

Finalmente chegamos a um outro palácio, de número 376, cuja construção tenta reproduzir os templos gregos, tão ao gosto da época, ocupando o terreno de esquina da Avenida com a Praça da Liberdade. Foi construído em 1875 por um próspero comerciante de café. A Princesa Isabel, que gostava muito do local e da Avenida, preocupada com o estilo da obra, pediu-lhe que fizesse uma casa à altura do ambiente em volta, no que foi atendida. Mais tarde, em 1890, foi vendida a um financista alemão chamado Albert Landsberg. Passou em 1945 à propriedade da família Bezerra de Mello quando, em lembrança de um filho de D. Pedro II e D. Tereza Cristina que faleceu criança, passou a chamar-se Solar D. Afonso. Aliás, este era o nome não só da Praça mas também desta Avenida Koeler.

Um dos palacetes pelo qual passamos foi dado à namorada de um rico industrial que não fez segredo da doação, para escândalo da família. O assunto foi o motivo principal das conversas por muito tempo, desconfio que não pela relação entre eles mas por causa do belo presente. Agora, quem foi eu não conto, porque ela morou ali até bem velhinha e a casa ainda está arrolada naqueles intermináveis inventários. Aliás, por falar em amantes, Petrópolis deve ser um dos poucos lugares do mundo onde as amantes fazem bodas de prata. O macho local é fidelíssimo ao seu esquema familiar que inclui, naturalmente, matriz e sucursal, ambas coexistindo em relativo segredo. Outro dia ouvi, em uma conversa:

— Rapaz, o garoto tem os meus olhos! Igual a mim até no jeitão! – ele disse com um ar de orgulho.

— Mas você só tem filha mulher, que negócio é este de garoto?

— A mãe é aquela outra, você sabe? Aquela com quem eu trabalhei muito tempo. Trabalhei e conheci em todos os sentidos, entre os quais, se permite a licença poética, conheci no sentido bíblico.

Ele, devo avisar era, além de intelectual, um poeta. Fazia questão de pontuar as suas declarações com estas tiradas.

— E a tua mulher, quero dizer a oficial, não sabe?

— Olha... oficialmente falando, não. Mas como a cidade não é tão grande e já são tantos anos de relação com a outra, eu acho que ela sabe.

— Até do garoto? – perguntei.

— Espero que não. Ela iria ficar muito triste. Afinal nós fizemos três filhas apostando em um garoto até a última tentativa.

Há algum tempo, quando estava trabalhando no consultório, recebi o prontuário de uma cliente, antes da consulta, e vi anotada a idade: 66 anos. Ao entrar vinha acompanhada de um senhor com uns 10 anos a mais, cuja solicitude ao auxiliá-la marcou o início da consulta. Após o relato dos seus problemas, eu perguntei:

— A senhora fez algum esforço fora da sua rotina?

— Ele não me deixa fazer nada de pesado — disse apontando para o acompanhante.

— O seu colchão é muito mole? — continuei. Nisso a resposta veio dele:

— Não doutor, ele é ortopédico, daqueles mais duros.

— Às vezes, a densidade do colchão é boa para o marido, que é mais pesado — considerei.

— Ele não é meu marido não doutor, nós somos apenas amigos. — Ela corrigiu-me com uma expressão entre modesta e cúmplice. Como suas dores apontavam para a coluna vertebral, pedi que ela se levantasse e se despisse. Ele apressou-se em ajudá-la, e, ato contínuo, passou a desabotoar-lhe a blusa.

Neste momento ele sentiu a necessidade de se explicar. Disse com uma expressão marota: – Somos amigos, doutor, mas amigos há muitos anos!

Vamos escolher agora um banco da Praça da Liberdade para sentar. Aproveite para olhar e ver tudo que uma praça tem que ter: barzinho, babás com crianças, árvores, coreto, bodinhos puxando carrocinhas, pipoqueiro; não esquecer os namorados, gramado, um rio ao lado e talvez um carteiro passando apressado. Este homem sempre compõe qualquer paisagem humana. A sua missão é carregar envelopes prenhes de emoções: notícias de nascimentos e mortes, negócios urgentes, contas a pagar, compras a fazer e, por último, o saber das pessoas queridas.

No início, as cartas eram apanhadas na própria agência pelo sistema de chamada: o malote era aberto na frente de todos e os nomes chamados em voz alta. Se algum estivesse presente já recebia a sua carta. Havia um agente de correio que, ao receber alguma correspondência para ele próprio, não se continha: parava a chamada e na frente de todos abria a sua carta, sustentando a sua leitura com desculpas e comentários para o público impaciente.

Aqui, o primeiro carteiro, chamado Fritz Schuranbenland, não era funcionário do correio. Ganhava dois mil réis por mês dos clientes a quem ele levava as cartas. Um personagem estranho cuja marca era uma cartola alta e um fraque puído com cauda atrás, conhecido como "rabona" na época. As calças largas e as enormes botas completavam o visual. Havia ainda um colossal guarda-chuva servindo de arma para espantar os moleques e cachorros, estes, ainda hoje, o pavor dos carteiros.

Chegando nas casas, ele, em vez de gritar "olha o carteiro", limitava-se a anunciar com seu sotaque: – Fritz!! Olha o Fritz...

Este homem acumulava também a simpática função de "baloneiro" oficial da cidade. Era sempre requisitado para preparar e soltar os balões das festas nas praças ou em casas particulares. Não havia ainda a preocupação ecológica com os incêndios nas matas.

Muitos anos depois de sua morte os moradores ainda contavam ter ouvido na madrugada este grito. Alguns garantiam que viram, através da névoa, quando correram para a janela, o vulto folclórico deste alemão.

Os serviços públicos costumavam empregar o trabalho de particulares. Lembro-me de, há muito tempo, uma carroça puxada por um burro cujo proprietário tinha a empreitada de recolher o lixo da Rua do Imperador. Ele varria um trecho da calçada e, quando o lixo se acumulava adiante, chamava o burro com um assovio para carregar a carroça. Os garotos, às vezes, imitavam este chamado fazendo o burro se aproximar mais cedo, o que provocava toda uma série de xingamentos do carroceiro.

Em Petrópolis há muito mais para se ver além do Centro Histórico. Ainda no assunto de correio, sua agência merece uma visita. Fica na Rua do Imperador, um pouco depois daquele obelisco, início do nosso passeio. Está em um lindo prédio neoclássico com óculos de iluminação no telhado de telhas de bronze, vindas da França. Lembra a cobertura do Museu d'Orsay, em Paris, antiga estação ferroviária hoje transformada em museu.

Todos os dias vinha a esta agência um velhinho e enviava carta para a sua filha freira. Este personagem sempre comentava a dificuldade dos velhos em subir a escada de entrada, sem o apoio de um corrimão. A diretora de então, Vera Taulois, preocupada com os velhinhos, iniciou uma campanha pró-corrimão. Quando conseguiu do governo uma pequena verba tratou de colocar um corrimão de bronze que resistiu às nossas chuvas. Este corrimão talvez seja o único no Brasil inaugurado com uma solene festa. O velhinho inspirador era Alceu de Amoroso Lima e as cartas enviadas à filha se transformaram, mais tarde, em um livro com seus pensamentos.

Entre na agência para ver o teto de estrutura em abóbada e os trabalhos de estuque nas paredes. A sensação é de estar em um templo grego. De acordo com os nossos ideais republicanos, procurava-se, ao construir um prédio público, reter a lembrança da antiga Atenas, berço da democracia. Aconteceu isso na maioria dos países americanos, inclusive nos Estados Unidos, principalmente em Washington.

Contudo, o governo não se inibiu em pedir à Princesa Isabel, no exílio e morando no Château d'Eu, na França, a doação do terreno. No palácio Grão-Pará, residência atual da Família Imperial, os jardins chegavam até a Rua do Imperador. A Princesa Isabel concordou com a doação, contanto que o busto de seu pai, D. Pedro II, ficasse no salão principal. Em 1996 foi fixada sobre a porta a efígie, em bronze, da Redentora, com o terço que ela costumava ter ao pescoço.

Veja as portas onde, nos trabalhos de talha, existe um espaço superior ainda à espera do Brasão da República. Entre os vitrais, à direita, existe uma referência à descoberta do Brasil. A caravela tem no velame a Cruz de Malta, símbolo da Ordem de Cristo, originária dos Templários, que financiaram a expedição de Cabral.

Felipe, o Belo (Felipe IV), neto de São Luís (Luís IX), o rei da França que lutou nas cruzadas, tinha três motivos para detestar os Templários: não pagaram o resgate de seu avô quando preso pelos sarracenos; Felipe fora recusado quando se candidatou à Ordem; ele estava cheio de dívidas.

Os Templários foi uma ordem de monges guerreiros criada para defender o templo de Jerusalém e as rotas dos peregrinos cristãos da Europa para a Terra Santa. Como tinham mosteiros ao longo do caminho e era muito perigoso viajar com dinheiro, os Templários emitiam notas de câmbio resgatáveis nos próximos mosteiros. Foram os criadores dos cheques e cartões de crédito. Para driblar a proibição da Igreja de qualquer forma de usura, disfarçavam seu lucro cobrando taxas de serviço. Acumularam assim imensa fortuna, e como eram soldados além de religiosos, tinham um grande poder militar.

O rei Felipe IV conseguiu eleger um papa também francês, Bertrand IV de Got, coroado como papa Clemente V, em Lyon no ano de 1305. O grão-mestre dos Templários foi convocado a Paris e chegou ao porto de La Rochelle com dezoito navios carregando um imenso tesouro em ouro e prata. Quando a Ordem foi dissolvida pelo referido papa e os seus chefes presos pelo rei, os que estavam nos navios fugiram com o tesouro para a Escócia e Portugal. Mais tarde, com a morte daquele rei francês e do papa Clemente V, a política mudou e o rei de Portugal, Dom Dinis, pôde abrigar os remanescentes dos Templários e o restante do seu patrimônio.

Em 1319 foi aprovada por um outro papa a criação da Ordem de Cristo, fundada em Portugal pelos mesmos monges guerreiros. Ela se tornou poderosa na época das navegações, pois tinha como objetivo investir nos navios das expedições para a difusão da fé cristã entre os pagãos, além dos lucros. Um padrão de pedra encimado pela cruz templária da Ordem de Cristo, esguio e solitário, amorenado pelo sol e alisado pelo vento, levantado por Pedro Álvares Cabral, foi deixado em Porto Seguro. Marcava o primeiro contato da civilização luso-cristã em terras brasileiras, e agora está na praça do centro histórico de Porto Seguro protegido por uma caixa de vidro.

Olhe agora para o alto, para o vitral, de que artista ninguém sabe. Alguns operários, muito idosos, contaram ter visto sua montagem, mas não explicam a sua origem. Em 1995, quando várias peças tiveram que ser consertadas, os funcionários subiram nos andaimes e com lupas procuraram alguma inscrição, alguma pista: nada foi encontrado. No vitral vemos Mercúrio, o mensageiro dos deuses. A mulher com faixa verde e amarela é a versão brasileira de Minerva, deusa da sabedoria. Na mitologia ela se utiliza dos serviços do deus mensageiro. O simbolismo talvez seja o do correio levando a sabedoria a outras pessoas e lugares.

Na saída pare nas vitrines de um pequeno museu. Lá estão antigas ferramentas de trabalho dos correios; só existem mais dois iguais em nossa terra, um em Brasília e outro no Rio de Janeiro.

Agora vamos sacudir a preguiça, levantar do banco da praça e seguir à direita pela Avenida Roberto Silveira. Passaremos pelo clube de tênis até uma esquina onde você verá uma construção antiga e austera. É o Asilo do Amparo, mantido por uma ordem de freiras para abrigar crianças. Respeitamos o trabalho das irmãs, mas a fachada do prédio que ocupa toda a esquina é bastante pesada e deprimente.

Ao sair da praça, procure caminhar olhando para o chão; não, não é nenhum exercício de humildade, mas é que à esquerda temos a vitória da especulação imobiliária que devasta todos os lugares lindos. A minha sugestão dos olhos baixos é para evitar que você tenha uma crise estética. Ao dobrar a esquina do Asilo, continue com os olhos baixos até passar por uma feia garagem, quando, à sua esquerda, você terá uma ponte de madeira vermelha, igual àquela em frente ao prédio da Prefeitura.

Passe para o outro lado do rio e verá um ângulo do nosso próximo objetivo: o Palácio de Cristal. Foi inaugurado em 1884 e a sua estrutura foi encomendada pelo Conde d'Eu, marido

Palácio de Cristal

da Princesa Isabel, às oficinas Saint-Sauver-les-Arras, na França. Ele quis importar da sua pátria a primeira representação do que havia de mais avançado em arquitetura na época, fruto da revolução industrial. As máquinas passavam a substituir a mão-de-obra humana nas indústrias; na arquitetura, iniciou-se a era dos pré-fabricados, feitos para a montagem no local da construção. O uso do ferro mostrou-se o caminho mais lógico para criar sustentações leves, elegantes e delgadas. A obra emblemática desta arquitetura é a Torre Eiffel, construída para a Exposição Internacional de Paris em 1889, que marcava o fim do século XIX e o início de novas idéias. Basta comparar a leveza do Palácio com a casa do Barão de Mauá, à direita, cuja construção é apoiada em grossas paredes de tijolos, para reconhecer um representante de um novo tempo. No Brasil, o uso do ferro aparece inicialmente nos edifícios públicos como a estação de ferro de Bananal, em São Paulo, na varanda das estações de Paraíba do Sul no Rio de Janeiro e aqui mesmo em Petrópolis, na estação de Nogueira. Esta técnica passou a ser usada nas construções comerciais, como na Casa Colombo, no centro do Rio de Janeiro e nas fábricas São Pedro de Alcântara e Petropolitana em Petrópolis. Nas construções residenciais, ela serviu como suporte para a decoração neoclássica e eclética dos palacetes construídos no fim do século XIX.

O Palácio de Cristal foi palco de muitas exposições e bailes, inclusive a Festa da Liberdade, comemorativa da libertação dos escravos em 1888, com a presença da Princesa

Isabel. Antes mesmo da Lei Áurea, aqui foi entregue, pela Princesa, os títulos de liberdade aos escravos existentes em Petrópolis. Nesta cerimônia ela foi acompanhada de seus filhos Pedro e Luís. Ela levantou a bandeira da abolição em tempo integral. A comida dos escravos vinha das partes do animal consideradas de segunda qualidade pelos senhores de engenho. Somente as orelhas, pés e rabo dos porcos eram oferecidos, misturados com feijão-preto e acompanhados de farinha de mandioca. Desta combinação origina-se a nossa feijoada. Até então, esta comida, que se tornaria o nosso prato preferido de sábado, era feita somente pelos escravos. Então nossa princesa mandou preparar uma feijoada no Palácio de Cristal e convidou toda a alta sociedade branca para o almoço. A princípio eles estranharam mas, pensando talvez tratar-se de uma nova moda, provaram, e para sua surpresa gostaram. Tanto gostaram que a novidade é sucesso até hoje. A Princesa queria mostrar o que os escravos comiam, e que também, como qualquer ser humano, eram pessoas que, tendo oportunidade, podiam fazer algo de bom gosto. Assim, naquele dia e neste Palácio foi servida pela primeira vez, fora da senzala, a comida mais típica da nossa cultura.

Quando desenhou a planta da cidade, o Major Koeler teve o cuidado de preservar um espaço ao lado do encontro dos rios Quitandinha, que envolve o Palácio de Cristal, e o rio Piabanha. Esta área foi reservada para uma praça, que o próprio Koeler chamou de confluência ou Koblenz em alemão, que foi onde construíram o Palácio de Cristal. Em volta do Palácio já existia este jardim onde, nas tardes de verão, os jovens se reuniam em grupos separados, e ensaiavam discretos namoricos. Qualquer aproximação com a donzela pretendida era fiscalizada por uma guarda atenta de parentes. O recurso para confidências era os rapazes escreverem com a ponta da bengala na areia as mensagens que as moças leriam ao passarem.

Contam os muitos antigos que em um dos chalés, em volta deste jardim, morava uma moça cujos pais eram umas "feras". Um rapaz conseguiu se aproximar usando a sua habilidade no piano, já que a moça e a mãe eram exímias pianistas. Como o pai descia a Serra para trabalhar, ficava a feroz mãe como guardiã da virtude da filha única. O arranjo combinado era que os dois pombinhos tocariam sempre a quatro mãos no piano enquanto a mãe ficava no aposento ao lado tricotando. Qualquer alteração no compasso ou nota errada não escapava de seu ouvido apurado de musicista: ela levantava e ia verificar o motivo do erro. Só sossegava quando o moço apresentava as suas despedidas após o sarau musical, hora em que o pai a substituía na "patrulha".

Ninguém, muito menos a mãe, conseguiu explicar como, para o escândalo geral, a moça ficou grávida do namorado. A coisa só podia ter acontecido durante as execuções a quatro mãos e sem errarem uma nota. As especulações sobre a ginástica executada pelo casal e a virtuosidade musical da dupla, não errando nem um compasso, foram as mais variadas. Alguns gaiatos até garantiram que tiveram o mesmo sucesso com suas namoradas, também pianistas. Uma cartomante famosa no Rio, presente em todos os verões, previu o nascimento de um novo e brasileiro Mozart.

Em Petrópolis as bicicletas surgiram em 1898, quando foram disputadas as primeiras corridas com elas na cidade. No princípio só os homens podiam participar. Não existia roupa adequada para as mulheres pedalarem. Logo elas, as mais "modernas", passaram a encomendar às costureiras "saias-calças" que já usavam para montar a cavalo. Contam ter havido até uma corrida exclusivamente feminina. A partir daí elas passaram a ser vistas passeando de bicicleta pela cidade.

Se o nosso passeio for no fim de junho, no dia 29 você verá uma aldeia de quiosques montada no jardim e nas ruas em volta. A Bauernfest, a festa dos colonos alemães, dura cerca de dez dias e comemora a chegada das primeiras famílias imigrantes. Como o pessoal da terra é louco por festa de barraquinha e cheiro de cachorro-quente, esta festa tem sido o maior sucesso.

Esqueça o regime e prove os enchidos, que chamamos de embutidos, os Wurst, feitos de porco e boi. Se você gosta de histórias de vampiro, isso remete aos enchidos; o preferido deles é a Zungenwurst, a lingüiça de sangue chamada no Brasil de chouriço. Para aprimorar os seus conhecimentos de anatomia prove o Eisbein, o joelho de porco, cujos ossos lembram o nosso joelho. Tudo isso acompanhado com o

Kartoffelsalad, salada de batatas (aliás a palavra Kartoffel, batata, está presente na maioria dos cardápios alemães). Esta culinária foi criada em um país onde não havia, naquele tempo, facilidade de conservação para os alimentos, além de um inverno prolongado. Os enchidos, defumados, as conservas em banha, as geléias e o clássico chucrute (Sauerkraut) se conservavam sem refrigeração. Eram comidas que garantiam o sustento da família nos tempos de escassez de alimentos.

Encontramos, junto com a inevitável dupla de cerveja e salsichão, as coisas mais impossíveis como a "cocada alemã". Fico imaginando se havia ao longo do Vale do Reno plantações de coqueiros e "Frauen" vestidas com longas saias de babados, mexendo tachos de cocada nos fogões à lenha da Westfália. Venha à noite também para não perder as danças dos grupos com roupas típicas dos imigrantes do século XIX.

Agora, ao sair dos jardins do Palácio de Cristal, vá à direita, atravesse a ponte e siga até o portão da Casa do Barão de Mauá. Esta você pode visitar, é ocupada pela Prefeitura. Se a visita é durante a semana, torne a adotar aquele ar de trabalho que sugeri ao visitar a sede administrativa da Prefeitura, porque aqui existem outras repartições municipais.

Irineu Evangelista de Souza poderia ser nome de um brasileiro qualquer. Quanto Irineus e Souzas nós conhecemos? Porém, este é o nome do Barão de Mauá. Teve um início de vida comum: criado por um tio, a quem foi entregue após o segundo casamento de sua mãe, aos doze anos já era caixeiro de uma loja de fazendas no Rio de Janeiro. Teve a sorte de aos dezesseis anos trabalhar para o inglês Ricardo Carruthers, que, reconhecendo a inteligência do garoto, ensinou-lhe os caminhos do comércio. Aos vinte e três anos já era sócio da Casa Carruthers e responsável pelo estabelecimento comercial, quando o inglês voltou para o seu país. Lutando contra a descrença geral, ele construiu a primeira ferrovia do Brasil. Em 1854, o imperador D. Pedro II e a imperatriz Dona Leopoldina inauguraram, com uma viagem, a Estrada de Ferro de Petrópolis. Com quatorze quilômetros e meio de extensão, ela ligava a Estação, às margens da praia de Mauá, a Fragoso, na subida da Serra da Estrela (Serra de Petrópolis); daí a origem do seu título, Barão de Mauá, dado pelo Imperador. O trem tornou-se o maior meio de transporte da época, e levou a civilização do litoral para o interior. Com o incentivo do Imperador, as linhas, até o fim de seu governo cortando o Brasil, tinham mais de dez mil quilômetros. A viagem até Petrópolis se iniciava no cais do Rio de Janeiro, a bordo do vapor *Guarani*. A locomotiva, de nome Baronesa, que agora está no Museu Imperial, esperava junto ao píer e levava os passageiros até ao início da Serra, onde as carruagens completavam a viagem. Mais tarde a ferrovia se estendeu até o centro da nossa cidade, mas era necessário trocar, no início da subida, por uma locomotiva dotada de engrenagem acoplada nos trilhos, chamada cremalheira. A viagem não levava mais de três horas, um tempo rápido para a época.

No livro "Viagem Pitoresca a Petrópolis", de Carlos Augusto Taunay, editado em 1862, lemos: "Ora, em todo o Brasil, a que ponto se poderá chegar tão bem transportado do que a Petrópolis? Aonde se acharão tão bons hotéis? Apenas se chega, depois de ter feito honra à comida, passa-se a noite deliciosa, cujo repouso, nem calor, nem mosquitos, nada inquieta. Ao acordar, também acorda a curiosidade de visitar esta Petrópolis".

O Barão participou da primeira ligação direta com a Europa, através de cabo submarino de telégrafo, terminando em Portugal. Apesar de ter morrido nesta casa em 1889, era um homem do próximo século, onde não só as idéias, mas as suas realizações, incitavam os movimentos modernistas da época. Deve ter sido agradável ao velho Barão, já aposentado e falido, acompanhar da sua janela a construção do Palácio de Cristal, símbolo daquilo tudo que ele amava e veio representar: modernidade e liberdade. Ele era uma espécie de ponta-de-lança, um abridor de caminhos nos negócios, mas como administrador e banqueiro não teve a mesma sorte. Em 1875 faliu o Banco Mauá e ele foi obrigado a vender grande parte das suas empresas.

Como a casa do Barão de Mauá era grande, ele casou com uma sobrinha de quinze anos, e tratou logo de ter dezoito filhos; afinal o Barão era um homem realizador. Aqui também morou outro grande brasileiro: Vinicius de Moraes, casado com uma descendente dos novos proprietários.

Todos os trabalhos em ferro da casa foram fundidos no

Estaleiro Mauá. Por falar em projeto, não se esqueça de pedir para mostrarem o mecanismo onde, ao se introduzir uma alavanca em um sulco na base das colunas do pátio interno, as janelas superiores se abrem. Dizem ter a casa outros segredos mecânicos vindos da fértil imaginação do seu construtor.

Ao sair, continue à esquerda pela mesma calçada, seguindo pela rua onde fica a casa que foi de outro Barão, desta vez o de Rio Branco. A varanda da casa tem uma placa alusiva ao Tratado de Petrópolis, firmado entre o Brasil e a Bolívia. Se você visitá-la, aproveite e veja os mosaicos romanos que o Barão deve ter comprado na Europa. Sendo a casa ocupada por alguma repartição do governo, não deve ser difícil visitá-la durante o expediente.

O Tratado de Petrópolis foi necessário para acabar com a indefinição da posse de um território entre o Brasil e a Bolívia, onde morriam oito entre vinte crianças nascidas, 20%

da população sofria de tuberculose, 15% de hanseníase e 80% não era alfabetizada. Não existiam médicos nesta região. A maioria dos brasilieros não tinha a mais vaga idéia de que o Acre sequer existia.

A penetração nas "Tierras Descubiertas" começou com bandeirantes paulistas, expedições de reconhecimento e nordestinos fugindo da seca, o que provocou o protesto da Bolívia, seguido por atos de governo como cobrança de impostos e presença militar. Foram vários movimentos de ocupação desta área, resultando em muitas lutas e mortes.

Em 1899 surge em Manaus um aventureiro espanhol chamado Luiz Galvez. O governador do Amazonas, Ramalho Júnior, lamentava a perda dos impostos e de um território do qual originava 40% da borracha exportada por Manaus. Para Dom Luiz Galvez não foi difícil convencer o governador de sua "vasta" experiência militar e administrativa. Recebeu financiamento para uma expedição colonizadora e militar para libertar o Acre dos bolivianos.

O barco fretado era uma gaiola de rio chamada "Esperança" de 150 pés, que costumava subir e descer o rio dependendo dos carregamentos de borracha. Era dotado de uma grande roda traseira que exigia contínuos reparos nas suas pás. O exército de ocupação embarcado compunha-se de toda sorte de aventureiros falidos, criminosos foragidos e caboclos que mal sabiam o que estava acontecendo. Para o crescimento de uma população é necessária a presença de mulheres. Dom Luiz resolveu o problema tratando de esvaziar os bordéis de Manaus, criando um corpo de heróicas voluntárias capitaneadas por uma francesa chamada Justine l'Amour. Além das armas, foram embarcadas uma grande quantidade de bebidas finas. O "Esperança" seguiu com este exército de opereta em direção ao rio Acre, região praticamente desconhecida. Tão logo tomou

Puerto Alonso, uma aldeia boliviana miserável, Dom Luiz tratou de declarar o Acre território independente, não só da Bolívia, mas também do Brasil. Foi coroado Dom Luiz Galvez Rodrigues de Arrias, imperador do Acre. Porém, o seu império foi breve. Abalado por uma revolução na sua própria corte, ele voltou preso para Manaus, terminando a mais folclórica tentativa de anexação deste território ao Brasil.

O Barão do Rio Branco tinha a presença que se espera do título: alto, gordo e grande, com voz tonitruante. Teve influência decisiva nas negociações do tratado pelo qual houve aumento do território brasileiro com a anexação do Acre, em troca da construção pelo Brasil da estrada de ferro "Madeira – Mamoré" ao longo dos rios homônimos, e de pagar-se à Bolívia dois milhões de libras esterlinas, além de ceder-se a ela alguns pequenos trechos das fronteiras mato-grossense e amazonense. O traçado seria todo no Brasil, mas era considerado pelos bolivianos uma saída para o Atlântico. Por outro lado, o acesso ao Pacífico sempre foi objeto de litígio entre a Bolívia, o Peru, e o Chile.

Esta ferrovia foi desativada em 1972 quando as estradas de rodagem e os acordos da Bolívia com o Chile e Peru garantiram a saída para o Pacífico. O Canal do Panamá também deu passagem para o Atlântico. A nossa borracha na época perdeu o mercado para as plantações da Ásia. Assim, os motivos principais para a construção da ferrovia mudaram. Foram 360 quilômetros de trilhos cuja construção consumiu quarenta anos e milhares de vidas. A floresta amazônica cobriu o que restou da "Estrada do Diabo", usando as suas armas habituais – chuva e doenças tropicais. Ela venceu a luta contra o homem.

O resultado do tratado foi a duvidosa vantagem do aumento do nosso território. O único feito positivo da construção desta ferrovia, que sempre deu prejuízo, foi a colonização da região, criando-se pequenas cidades cujas origens foram os acampamentos dos trabalhadores.

A casa do Barão, de número 279 da Avenida Barão do Rio Branco, construída em estilo colonial português, está estranhamente próxima da rua. O terreno ia até a margem do rio Piabanha, mas foi cortado quando duplicou-se a avenida.

Ao voltar pela mesma calçada encontra-se, à direita, uma série de casas geminadas bastante curiosas. Em uma delas morava um francês que, com senso estético próprio da sua cultura, protestava veementemente quando uma loja de materiais de construção, que havia em frente, colocava na beira da rua a sua coleção de vasos sanitários. Argumentava, com a lógica cartesiana gaulesa, que as pessoas sabiam estar à venda os vasos. Logo, não era necessário poluir o visual da rua com aquela exibição de mau gosto. Ele tinha razão!

Entre à direita, na Avenida Piabanha com as árvores que ali estão desde a época do Império. Ao chegar à ponte vermelha e de madeira, a última para carros da velha Petrópolis, olhe para a casa da esquina à direita. Esta foi a casa de banhos fundada em 1876 pelo francês François Antoine Court, que ele tratou de chamar pelo solene nome de Imperial Estabelecimento Hidroterápico.

O método apregoado pelo nosso Antoine foi desenvolvido por um tal de Dr. Priessniz em Craefemberg, na Alemanha. O máximo era uma ducha onde a água caía de uns quinze metros sobre o paciente, daí o nome de Duchas ao bairro, rua acima. Ele argumentava que a água caindo com força liberava suas substâncias benéficas; se servia para tratar eu não sei, mas devia doer muito, o que seguramente fazia as pessoas esquecerem as outras dores!

Mais adiante, no número 720, morou um dos arquitetos

que projetou o Palácio Imperial e, em 1917, a casa foi comprada por Joaquim Nabuco, o abolicionista.

Agora atravesse a ponte e volte para a calçada em frente ao Palácio de Cristal. No número 53 foi construída uma casa por Picot, um escritor francês, em 1847. Esta casa foi uma das primeiras da Colônia de Petrópolis, e entre os seus vários proprietários encontramos até Rui Barbosa.

Siga em frente passando por uma construção com jeito de fábrica, onde nasceu a cerveja Bohemia. Como já disse, quando o alemão se muda para algum lugar, trata logo de organizar um clube de tiro. Esqueci de mencionar que, se ele vai demorar, funda também uma cervejaria.

O alemão Henrique Kremer atendendo ao apelo, certamente desesperado, de seus patrícios, iniciou em 1853 a produção local da que seria a primeira cerveja brasileira. Ele tinha vindo trabalhar como carpinteiro, mas tinha rudimentos da nobre arte da cervejaria. Iniciou assim a Imperial Fábrica de Cerveja Nacional, que depois se chamaria Bohemia. Mas, somente com a vinda de Rudolf Müller Eschebach, mestre cervejeiro e artista da água, trigo ou cevada, malte, lúpulo e fermento, é que o sabor já nosso conhecido ficou consagrado.

Os colonos preferiam cerveja de alta fermentação, mais alcoólica, aromática e escura, cuja temperatura na produção era entre 20 e 25 graus. A cerveja Bohemia servida hoje deriva da cidade de Pilsen, na região da Boêmia, daí o nome de pilsen para seu tipo e o nome de sua marca em alemão. Esta cerveja é de baixa fermentação, com a temperatura, na cervejaria, controlada entre 12 e 14 graus. Daí resulta uma cerveja leve e bastante clara, mais própria para os trópicos. A fábrica teve origem neste lugar, mas foi transferida para fora depois de vendida.

Vá até a ponte, à esquerda, e volte pela mesma calçada até a Praça da Liberdade. Neste meio tempo aproveito para contar que fora do nosso passeio, em volta do centro histórico, existem também bairros operários das muitas indústrias de alta tecnologia e não poluentes que se instalaram aqui. A maioria dos moradores é dona de seu pedaço de terra e nele constroem acréscimos para quando um filho se casa. Não são favelas, que aliás aqui não proliferam muito, seja pelo clima ou pela mentalidade das pessoas.

Novamente na praça, passe pela ponte que tem uma placa homenageando o Conde d'Eu.

Vá até o relógio das flores, em frente à Universidade Católica; ele foi feito depois de descobrirem ali, em uma reforma, no nível da rua, uma pequena gruta onde brotava uma fonte. As pessoas passaram então a acender velas numa manifestação, inconsciente e pagã, à deusa mãe-terra presente na nossa memória coletiva universal, cujo simbolismo está nas fontes de água como fontes de vida. Isto tudo em frente a uma instituição católica que tratou logo de redecorar a sua fachada com este relógio, cobrindo assim a tal gruta.

O prédio da Universidade foi construído pelo Monsenhor Bacelar – que agora é o nome da rua ao lado – e ampliado para ser o Hotel Orleans. Olhando a fachada vemos, à direita, a primeira janela no segundo andar, na parte mais recuada do prédio. Era ali o quarto onde Alberto Santos Dumont se hospedava para acompanhar a construção da sua casa.

Na casa de Santos Dumont você verá porque ele a

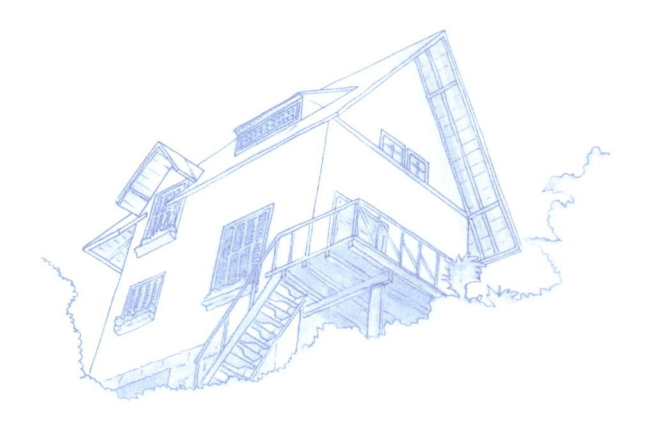

Casa de Santos Dumont

chamou de "A Encantada"; era um brinquedo, onde esse inventor nos passa a impressão de estarmos participando de uma fábula, onde não faltam bruxas voadoras e crianças lindas e curiosas metidas em mil perigos. O terreno é inclinado; nos dá a impressão de a casa, com sua leveza, ter simplesmente pousado ali.

Durante doze anos este foi o refúgio do inventor nos intervalos de suas freqüentes viagens. Talvez servisse de ponto de referência para um espírito brilhante, mas fragilizado por uma depressão que já se percebia. Os móveis, com exceção das cadeiras, são todos fixos no lugar; nada podia ser mudado! Além de cuidar do jardim, ele ia ao clube de tênis para jogar, o mesmo clube pelo qual você já passou quando olhava para o chão. O inventor não suportava perder, não aceitava conversar com ninguém – apesar do convite de outros sócios – e, ao terminar a partida, às vezes saía sem cumprimentar o parceiro.

Talvez este comportamento fosse o início da depressão, que o levaria ao seu trágico fim na Praia de Guarujá.

Foi aqui que Santos Dumont escreveu em 1918 o livro "O que eu vi, o que nós veremos", relatando sua vida e o futuro da aviação; fala dos inventores, primeiros pássaros humanos, que se arrojaram a experimentar máquinas frágeis, primitivas e perigosas. Foram centenas as vítimas dessa audácia nobre, que lutaram com mil dificuldades, sempre recebidos como malucos e que não conseguiram ver o triunfo dos seus sonhos, mas, para a sua realização, colaboraram com o seu sacrifício e com sua vida. Foi ele quem passou a tratar o problema como uma empreitada científica, onde estão envolvidas as coisas emocionais de mistura com aspectos técnicos.

Ele era um rapaz tímido, magro e de baixa estatura. Foi a Paris com o pai, rico fazendeiro de Cabangu – hoje chamada, em sua homenagem, de Santos Dumont – que procurava tratar de um problema de saúde. Paris era o centro do mundo, não só pelo seu esplendor social e artístico, mas também porque existia o melhor em tecnologia e medicina. O Instituto Pasteur, o mesmo que hoje isolou o vírus da AIDS, já era centro mundial de referência médica. O lugar certo também para encontrar os melhores mecânicos e, não menos importante, a melhor platéia para os seus feitos.

Santos Dumont circulava com sucesso neste meio graças a sua educação refinada e ao seu espírito generoso. Nunca patenteou os seus inventos; os via como contribuição à humanidade e distribuía entre os seus colaboradores os prêmios recebidos.

Quando o Exército brasileiro comprou os primeiros aviões, de um deles, pilotado por um instrutor francês, que veio voando até aqui, foi lançado um ramo de flores amarradas com fitas das cores do Brasil e da França. Contam que esta homenagem, vinda de uma máquina de matar criada na sua invenção, foi ignorada por ele. Apesar de realizar o sonho de Ícaro, de voar, ele não pôde suportar a barbárie e a mediocridade daqueles com os pés no chão.

Voltando da Rua Barão do Amazonas para a Praça da Liberdade, na esquina, encontramos a casa de Cláudio de Souza. Não tem como errar, a outra esquina é ocupada por um prédio com "pretensões modernas"!

Cláudio de Souza era, alem de intelectual e amante das artes, funcionário do Ministério da Cultura. Ao morrer deixou este imóvel para o Governo ocupá-lo com movimentos culturais. Hoje, aqui é o Parnaso da cidade, o Silogeu onde se reúnem as academias de letras, poesia e história. Na frente, na entrada através de um singelo jardim, lemos em uma placa o nome do doador. Para visitá-lo é necessária a presença dos vates, ou seja, dos poetas, e talvez de algumas musas eventuais. Se conseguir entrar, peça para ir ao banheiro. Não, não se trata de uma sugestão preventiva de saúde, mas é que o banheiro, além das outras peças, é muito bonito. A sala de reuniões não é muito grande, o que é preocupante; a cidade tem a maior densidade do mundo em poetas, filósofos e literatos por quilômetro quadrado.

O pessoal da terra tem vários assuntos recorrentes nas conversas: o nevoeiro, o frio, o tempo, o trânsito pior no centro, etc. Acredito que nisto não somos diferentes das pessoas de outras cidades pequenas, mas o que ocupava as conversas do grupo reunido todas as noites na Praça D. Pedro II era, para o nosso secreto orgulho, a literatura e a filosofia.

A reunião era nos bancos da própria praça ou, quando chovia, o que não era raro, na marquise da Casa D'Ângelo, aquele café tão tradicional que todo petropolitano tem uma história pessoal sobre ele.

Pontificava, como guru da turma, a figura alta e gorda do Chico Otavio, cujo orgulho era ter lido, em francês, o livro "O ser e o nada" de Sartre. Bastante tempo depois vi este livro, já em português, mas eu não o comprei para respeitar as minhas memórias com longas frases recitadas em francês pelo Chico. Confesso que não entendia nada, nem do francês nem da filosofia nelas, mas que as frases eram musicalmente bonitas, isto lá eram!

Em volta do nosso seleto grupo de intelectuais de província se agregavam figuras como o bêbado oficial da praça, cujos discursos davam como resolvidos os mais graves problemas nacionais. Em contraponto, tínhamos um outro, este não um bêbado, mas um louco manso, destes que não representavam perigo para ninguém, mas com idéias de esquerda. Quando o nosso bêbado, de direita, se encontrava com o louco de esquerda, os debates se tornavam acalorados, a ponto da turma ter que separá-los com os elementos de esquerda cuidando do louco e os com tendências políticas de direita consolando o bêbado.

As opiniões se dividiam entre os autores estrangeiros e brasileiros. Entre aqueles cito Thomas Mann, cujos personagens da *Montanha Mágica* ocupavam o centro dos debates liderados pela ala viajada. Alguns já tinham acompanhado os pais à Europa e reivindicavam o direito de postular sobre a obra. Em outra trincheira ficavam os defensores da brasilidade, cujo ícone era Jorge Amado. Este grupo se dividia entre os que aceitavam toda a obra desse escritor baiano e os que defendiam ser ela autêntica só até o fim da sua fase de esquerda, quando escreveu os *Pastores da Noite*.

Chegamos à conclusão de que para estarmos atualizados com que se pensava no mundo intelectual do hemisfério norte, tínhamos de procurar o meio mais atual e difundido na época desta cultura: o cinema.

Foi solenemente criado um cineclube que, por motivos econômicos, usava não só o projetor mas o espaço de um clube local. Os filmes, como era de se esperar, eram de produção francesa e vinham da cinemateca do seu Consulado. A maioria era em preto-e-branco, como "Hiroshima, meu amor" (roteiro de Marguerite Duras) e "Alphaville" (dirigido por Jean-Luc Godard). Fellini era o nome que mais aparecia nas conversas. O grupo que apanhava os filmes vinha com a auréola de cavaleiros medievais, portadores do Santo Graal, para nos salvar da ignorância. Escolhiam de acordo com as indicações de uma publicação chamada de "Cadernos de Cinema", título que era sempre enunciado no original em francês.

A idéia prosperou a ponto da diretoria do cineclube se dispor a alugar um cinema local. O acordo era utilizar o espaço no sábado após a última sessão regular, que terminava às 23h.

Com isto mantinha-se a nossa tradição de notívagos e intelectuais: era a esta hora o início habitual das nossas reuniões. As projeções foram um sucesso, a ponto de nos voltarmos para outros filmes europeus; e foi quando assisti, pela primeira vez, a um filme de Pasolini, "O Evangelho Segundo São Mateus", onde lutei bravamente para não dormir.

Era sábado, quando anunciamos um filme inglês. Uma "xaropada" melosa, mas tínhamos a esperança de encher a sala porque não havia, naquele sábado, nada que prestasse nos outros cinemas. Quando começou a venda de ingressos, vimos com bastante orgulho uma fila, coisa inusitada; mas, ao mesmo tempo, vimos que as pessoas não se enquadravam no padrão esperado de espectadores de um filme de arte. Eram somente rapazes, alguns de cabelo cortado rente, denunciando a sua condição de soldados, e homens de mais idade, com um ar furtivo. Os rapazes eram barulhentos e entremeavam as conversas com comentários pesados, apontando para as fotos do filme que costumávamos colocar na entrada. Os de mais idade pareciam deslocados e sem jeito, mais preocupados em olhar a ponta de seus sapatos do que em volta. Quero lembrar ser uma época onde os raros filmes pornográficos eram exibidos em seções privadas. Eles se resumiam nas clássicas histórias do amante confundido com ladrão e nos amores de sacristia, onde um padre devasso agarrava a paroquiana. Tudo muito sem graça, proibido e patético.

Após 20 minutos de filme, chato, como eram em boa parte os chamados filmes de arte da época, ouviu-se um grito na platéia: "– Cadê as mulheres? Quero o meu dinheiro de volta!" Luzes acesas e tumulto instalado. Após acalmado o vozerio, ficou explicado: algum gaiato espalhou nos bairros periféricos que iria haver uma sessão de filmes pornográficos. Tudo levava a crer: o horário tardio, o sábado (que é dia de farra) e o título sugestivo: "Aquela que amou demais".

Desfeito o engano, aceitos os resmungos e devolvido o dinheiro, restaram apenas uns poucos abnegados na platéia. A maioria dos intelectuais aproveitou o tumulto para escapar do filme sem a necessidade de falar bem de tal obra de arte.

Na Praça da Liberdade, agora pela direita, veremos uma série de restaurantes. A maioria das nossas "casas de pasto" tem, como as pousadas, as características de vaga-

Pousada Monte Imperial/Koeler

lume: acendem ou abrem e apagam ou fecham a toda hora. A história de cada uma começa quando alguém, geralmente de meia idade, mete na cabeça mudar de vida. Seja por ter sido despedido ou mudado de mulher. Aliás, aqui é farto o número de casais em segunda tentativa, sabe? Aquela coisa de mudar tudo, até de cidade. Então o nosso futuro empresário, achando entender de cozinha, trata logo de alugar o espaço onde os pratos que ele preparava aos domingos, elogiados pela família e pelos amigos, irão colocar Petrópolis no mapa gastronômico mundial.

— Olha, eu farei uma sopa de cebola para ser consumida de joelhos, tal o êxtase, quase religioso, que ela irá provocar nos fregueses, aliás, clientes!

— Mas você irá abrir agora, no verão... isto é comida de inverno! – considerei prudentemente.

— Não importa! A decoração dará o clima e eu já tenho um ar-condicionado poderoso! Será um sucesso, afinal (agora vem a parte mais perigosa) nada igual foi feito aqui e as pessoas de bom gosto irão pagar bem pela minha comida!

Ele era um economista que sempre conviveu com números e estatísticas, tinha uma casa de verão na serra e após um divórcio, estava iniciando uma nova relação com uma criaturinha que se mantinha calada durante nossa conversa, e apenas sorria para o seu novo amor.

Sobre pousadas, a história é mais ou menos a mesma: inicia-se com a dificuldade de vender a casa do avô, levantar o fundo de garantia ou iniciar a tal nova relação. Agora o nosso herói abre o seu negócio com três ou quatro quartos recebendo seus fregueses, perdão, os seus clientes, como amigos, exceto na hora de pagar, bem entendido.

Recomendo ir a estes restaurantes ou às pousadas, tão logo eles inaugurem suas atividades, porque será oferecido o melhor serviço possível. Os alegres novos proprietários acreditam na máxima: é preciso investir, para depois – e eles ingenuamente não sabem que é muito depois – ganhar dinheiro.

Existem raras e honrosas exceções com alto nível de profissionalismo, os negócios geralmente dirigidos por donos de origem ibérica, acostumados ao duro trabalho destes ramos.

– Vim da Galícia, Espanha, e já trabalhava nisto desde menino. Estes doutores não sabem que é necessário ter calos na barriga, de tanto esfregá-la no balcão, para administrar seriamente um negócio de comida.

Ele estava respondendo a minha pergunta, de qual seria o segredo do sucesso do seu restaurante, mantido ao longo dos últimos trinta anos.

Já disse que o Barão de Mauá teve uma prole do tamanho das suas realizações. O palácio na Praça da Liberdade, antes da esquina da Koeler, era de uma de suas netas, chamada

Hermínia. Foi construído em 1847 e o seu primeiro ocupante foi o mesmo Monsenhor Bacelar que construiu o prédio da Universidade Católica. Na época ele era co-capelão da corte. Mais tarde, em 1891, foi vendido para Franklin Sampaio, marido de Hermínia. Existe no seu interior uma série de salões e cômodos em torno de um pátio central – o Pátio Mourisco, inspirado nas construções árabes – executado pelo arquiteto português Luiz de Moraes com o mesmo estilo do Instituto Osvaldo Cruz no Rio de Janeiro; mas sua fachada segue o estilo neoclássico, mais comum na época.

Em 1893 o Marechal Floriano Peixoto tomou o governo contra as normas da constituição, o que provocou um movimento da Marinha, liderado pelo Almirante Custódio de Mello. Este movimento ficou conhecido como a Revolta da Armada. Os navios de guerra fundeados na Baía de Guanabara bloquearam o acesso a Niterói, impedindo a comunicação com o resto do estado. Por isso, o governo mudou-se para Petrópolis, ocupando este palácio por vários anos.

O palácio esteve abandonado, assim como a fazenda de Hermínia em Corrêas, por muitos anos. Lembro-me de ter pernoitado na varanda da fazenda, nas minhas caminhadas ao morro do Açu. O local era fantasmagórico, com teias de aranha cobrindo os móveis e uma geladeira movida a querosene, onde se adivinhavam restos ancestrais de comida. Quando a chuva nos surpreendia em uma caminhada, nós preferíamos ficar na ampla varanda da sede: o interior da casa nos dava arrepios. Passados os anos, as terras foram invadidas por posseiros e hoje é um bairro com pequenas propriedades. Quanto ao palácio aqui na Praça da Liberdade, depois de muito depredado e saqueado também, foi assumido pela Federação das Indústrias. Devem transformá-lo em mais um museu.

A esquina da Avenida Koeler, no número 365, reserva-

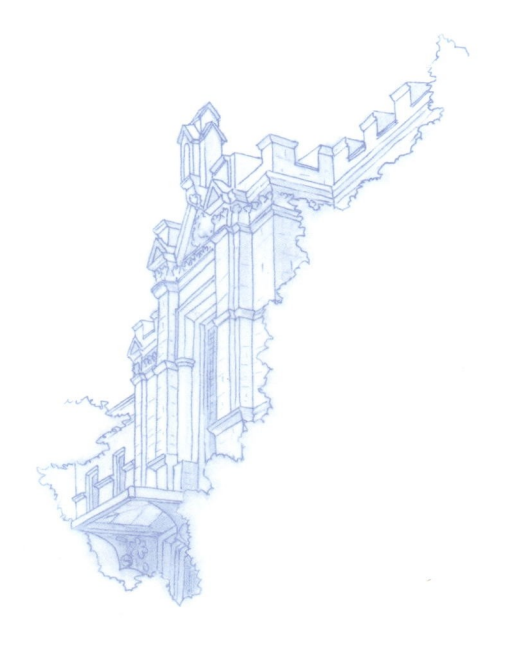

Avenida Koeler

nos uma surpresa: um delírio gótico construído pelo Príncipe de Belford, que comprou o terreno, em 1890, do Barão de Águas Claras. Foi denominado Vila Itararé, um nome indígena, ao contrário do esperado, pelo seu estilo. Teve um morador chamado Igor Sacaroff que se apresentava como nobre russo. Fez muito sucesso nos salões da época, como intérprete dos escritos do médico francês Nostradamus que, ao perder a família em uma epidemia de peste, se retirou para Saint Remy, na Provence, onde escreveu profecias, na forma de versos herméticos, chamadas de Centúrias. Recentemente, na passagem do milênio, estes vaticínios voltaram a estar em moda e não se realizaram, para nossa sorte. Igor (todo russo expatriado, com ares de nobreza, costuma dizer que é príncipe) era também seguidor de Paracelso, o Alquimista. Trata-se de uma seita medieval que procurava a fonte da vida, que eles chamavam de pedra filosofal. Para não atrair a censura da Igreja, os alquimistas espalharam ter esta pedra o poder de transformar qualquer metal em ouro, um objetivo assim bem mais terreno e prático.

O russo Igor era um tipo estranho, que vivia com uma criatura muito branca, sempre envolta em um manto marrom com capucho, cujo vulto só se adivinhava à noite, em uma das janelas. As pessoas da época afirmavam que ninguém tinha visto de perto este ou esta acompanhante, aumentando assim o mistério. Um dia eles desapareceram; contam ter sido logo após um cavalheiro de sotaque estrangeiro ter feito insistentes perguntas sobre eles para as pessoas da cidade. Este visitante também desapareceu na mesma ocasião que o russo, deixando por pagar uma conta do Hotel Orleans, que ocupava o mesmo prédio da agora Universidade. Ficaram alguns poucos pertences, entre os quais uma valiosa caixa de rapé enfeitada por um brasão de ouro. De acordo com o gerente, isto, mais a saída brusca na madrugada, denunciavam uma fuga precipitada.

Após a casa onde morou o alquimista, chega-se, no número 341, à Vila Esperança, construída pelo mesmo Barão de Águas Claras, há pouco mencionado; vizinhos a esta casa temos um conjunto de dois palácios e um chalé no estilo alemão, construído pelo Barão do Rio Negro (lembrar o Barão anterior, cujas "águas eram claras", em contraponto). O terreno teve como primeiro proprietário o colono Pedro

Wagner, que depois o passou para o Barão. A construção maior foi para o pai e, a do lado direito, para o filho; a fachada tem o estilo francês do arquiteto de Versailles, Jules Hardouim-Mansart. Ele aproveitava o espaço do telhado acrescentando as projeções como as janelas vistas nesta fachada, que chamamos hoje de mansarda, nome derivado do seu.

O conjunto hoje conhecido como Palácio Rio Negro pertence desde 1903 ao Governo Federal; foi destinado a ser residência de verão dos presidentes, seguindo a tradição iniciada por D. Pedro II. Agora, embora esteja à disposição da Presidência, foi transformado em Museu da República e está aberto ao povo. Você verá na escada interna uma galeria de quadros com as sisudas caras dos presidentes veranistas. Ao subir ao segundo andar se surpreenderá com o tamanho dos quartos e com a altura do teto. Mas ao ir para os fundos, antes de um auditório, ficará preocupado com uma coleção de quadros modernos: que dirão as gerações futuras do nosso gosto artístico e da maneira com que gastávamos o dinheiro público...

Ouvidas as explicações do guia (é... a visita costuma ser guiada), peça para descer por uma escada em caracol nos fundos. Esta leva, após a cozinha, a uma pequena piscina interna, toda em mármore de Carrara. Era ali onde um dos presidentes se banhava acompanhado da vedete que habitou os sonhos eróticos de toda uma geração de brasileiros. Se você conquistar a simpatia do guia talvez ele conte o nome dos dois bacantes.... Depois de descobrir, e só para confirmar, pergunte a algum senhor, já entrado em anos, sobre a tal vedete. Mas cuidado, o velhinho pode ser cardíaco e no seu entusiasmo pela lembrança passar mal!

Do lado de fora, ao fundo, existe um pequeno museu onde veremos a grande contribuição da cidade na luta contra o nazi-facismo. Foram duzentos petropolitanos presentes na

Força Expedicionária Brasileira, dos quais cinco não retornaram (lembra-se do monumento que vimos no início do passeio?); é um número grande, pois não havia aqui a mesma população de hoje. Estes duzentos tiveram uma parte bastante ativa na campanha, o que demonstram não só os cinco que morreram, como também os quarenta (vinte por cento do total) que foram feridos somente na batalha de Montese.

Foi em um passeio a cavalo que Nair de Teffé, criada nos melhores colégios da Europa, viajada e poliglota, cuja educação era bastante avançada para a época, encontrou o presidente Hermes da Fonseca. Viúvo, com vários filhos, sendo a mais nova com mais idade do que Nair de Teffé, ele procurou o pai dela e comentou ser muito perigoso andar a cavalo sozinha: pediu para acompanhá-la nos próximos passeios. O velho Barão de Teffé, herói de guerra e figura proeminente do Governo, prontamente concordou. Afinal Hermes da Fonseca era o

Presidente da República. Porém com uma condição: ele iria também junto com os dois. O namoro foi mantido em segredo e só se tornou público quando o Presidente Hermes, que também era marechal, abrindo o desfile de Sete de Setembro no Rio de Janeiro, vinha montado em um belo cavalo. Em uniforme de gala, ele desceu do cavalo e diante do palanque, onde estavam os convidados especiais, perguntou ao pai de Nair se podia anunciar o noivado. Dirigindo-se à noiva disse: "Hoje as nossas tropas marcham em homenagem à independência, mas, para mim, elas desfilam em sua honra". O resultado dos passeios foi o casamento deles aqui no Palácio Rio Negro, em 1913, com uma festa belíssima; afinal não é comum um casamento de presidente durante o seu mandato.

A Avenida Koeler ficou tomada por carruagens das centenas de convidados vindos em trens especiais. A Companhia Leopoldina conseguiu levar cerca de seis mil convidados do Rio de Janeiro para assistir ao casamento. As ruas foram varridas, lavadas e ficaram repletas de flores no trajeto dos noivos.

O presidente, ostentando a faixa presidencial, chegou em carro aberto para buscar a noiva em casa. Ela seguiu em separado, com o pai e o Senador Pinheiro Machado. Naquele dia ela usava a comenda "Officier de L'Instruction Publique" que recebera do governo francês, no tempo em que lá viveu e estudou. Nos jardins do Palácio duas bandas se revezavam.

Avenida Koeler

Os recém-casados seguiram para passar a primeira noite na casa do pai da noiva. Deve ter sido mesmo um casamento por amor, afinal o presidente que ficou viúvo durante o mandato não era obrigado a se casar novamente; e a moça era de fato muito bonita e inteligente.

Receberam mais de três mil telegramas e o casal não teve lua-de-mel porque, poucos dias após, foram para o Palácio do Catete no Rio de Janeiro. A jovem esposa, com vinte e sete anos, fluente em francês, inglês, alemão, espanhol e italiano, com uma educação muito avançada para a época, iria dar o que falar nos próximos tempos.

A política sempre se fez não só nos gabinetes, mas também nas reuniões sociais, onde se costuram acordos nem sempre honrados. Nair de Teffé costumava se apresentar ao piano nestas reuniões, prendada que era.

Naquele tempo a música popular era apenas para o

consumo das classes mais baixas. O maxixe, xote e modinhas não eram valorizados como representantes da nossa cultura. Qualquer coisa que não viesse diretamente da Europa, de Paris, era considerada coisa rude.

Tinha ela vontade de interpretar música que não fosse valsa, polca, ou trecho de ópera, mas sim algo que fosse realmente brasileiro. Existia um compositor chamado Catulo, autor de uma música bastante popular chamada "Corta-Jaca". Não tinha sequer uma partitura composta e Nair pediu a uma maestrina chamada Chiquinha Gonzaga que escrevesse a partitura em violão, um instrumento já bastante popular na época. Pela primeira vez foi apresentada música genuinamente brasileira no palácio presidencial.

Nos dias seguintes iniciou-se uma campanha liderada por Rui Barbosa, o que nos surpreende. Nos jornais ele diria: "No palácio presidencial foi executado o 'Corta-Jaca', a mais baixa, a mais chula, a mais grosseira de todas as formas de música selvagem, igual ao batuque e ao samba, mas ele é executado com todas as honras da música de Wagner em um instrumento igualmente espúrio que é o violão." Acusava Nair de estar transformando o Palácio do Catete em uma "Versaille" de fim de reinado de Luiz XVI, antes da queda do regime monárquico francês, quando o governo já era um caos.

Para Nair de Teffé ficou o mérito do respeito à nossa cultura e da coragem de afirmá-la perante a classe dominante da época. Ela continuou sua trajetória de intelectual tornando-se a primeira mulher a presidir uma Academia de Letras no Brasil, a de Petrópolis. Faleceu em 1981, quando completou noventa e cinco anos, ainda bastante lúcida, esta testemunha dos vários ciclos da nossa história.

Depois, chegamos ao número 233, em estilo indefinido (talvez mais para o neoclássico). Data de 1879 a construção deste endereço, feita por um senhor chamado Antonio Bernardes, cuja história se perdeu nas "brumas do passado" ou no "ruço da serra". Aliás, sobre o clima, posso dizer: nós somos inconformados com o tempo. Após uma seca de semanas, no primeiro dia de chuva já se resmunga devido ao aguaceiro. O mesmo se aplica à temperatura: "Puxa, que frio! Gosto mesmo é do verão." No calor de janeiro suspiram pela época onde se tiram os agasalhos do armário.

Por falar em chuva, todos nós temos uma história para contar das enchentes. Eu estava, no fim da tarde, na Rua do Imperador, hora habitual em que os céus se abrem nas serras. Logo após o início do temporal, o rio começou a transbordar. Corri para um bar, cujo nível do chão era mais alto, e passei, com um grupo de refugiados, a observar a enchente.

Havia escurecido e a luz da rua se apagou quando a água atingiu um metro de altura na calçada e, tendo invadido o bar, obrigou a turma a subir no balcão. O cidadão luso, dono do estabelecimento, comentou que esta enchente seria um fim glorioso para o seu negócio, pois ele pouco antes o havia vendido por um bom preço. Creio que a subida das águas interrompeu a sua comemoração. Ele já estava levemente bêbado. Compartilhava o balcão com os refugiados, cuja maioria era de fregueses habituais, e passou a oferecer grátis a bebida das prateleiras. Dizia que era para prevenir as doenças que as águas traziam. Quando o nível de álcool circulante no sangue de todos já estava bem alto, vimos, na correnteza do rio em que havia se transformado a rua, uma cabeça e dois braços. Um dos braços daquela pessoa agarrava um guarda-chuva e o outro conseguiu, por milagre, agarrar o poste em frente. A expressão de seu rosto era de pavor e, através da nossa nuvem etílica, conseguimos concluir que era alguém se afogando. Heroicamente entramos na água, cujo nível já ia até a cintura, e fomos até o poste. A minha primeira impressão era a de que se tratava de um homem ajoelhado mas, ao levantarmos o "náufrago", vimos que ele não tinha muito mais de um metro de altura. A mão continuava a segurar teimosamente o guarda-chuva.

Já no balcão-ilha o nosso "náufrago", todo vestido de terno e gravata, encharcado e tiritando de frio, lançou um olhar guloso para as prateleiras. O dono do bar (que grande coração!) franqueou-lhe aquele paraíso de bebidas. O nosso cuidado se limitou a segurar o dono do bar que teimava em cair na água, dando gritos comemorativos pela sua venda e mudança de vida. Creio que ele falava ter mudado de mulher também.

As nossas ruas costumam ser ao lado de um rio para onde convergem as águas captadas dos morros. Na véspera de Natal, em 24 de dezembro de 1851, o imperador D. Pedro II, em pé na ponte vermelha de madeira diante do portão de pedestres do palácio, comandou a desobstrução do rio. Como isto aconteceu? Com as chuvas intensas do dia, formou-se uma barreira de galhos que acabou provocando uma enchente. O imperador, ao se inteirar da tragédia iminente, deixou as comemorações de Natal e, debaixo do temporal, assumiu pessoalmente os trabalhos de desobstrução, que eram iluminados precariamente por lamparinas de mão, já que archotes não iriam agüentar a carga de chuva. Em seu diário, o imperador reclama com o engenheiro do distrito o "pouco que se fez, do ano passado para cá, em relação aos estragos causados pela última enchente".

Mais adiante, no número 215, temos a construção da fase romântica dos chalés alemães (como é o caso do número 225), e foi realizada pelo Barão da Saúde. Não, parece que não foi médico, ao contrário de que se poderia esperar pelo seu nome. As construções dos números 187, que já pertenceu à Viscondessa de Ubá, e 167, esta realizada pelo Visconde de Sabóia, datam também do final do século XIX, apesar da aparência. As suas fachadas devem ter sido modificadas ao longo dos anos.

O número 135 ostenta um trabalho em ferro, bastante em moda na passagem do século XIX para o XX, tempo da revolução industrial. Este material foi aí aproveitado como novo elemento de suporte para os enfeites detalhados, que antes costumavam ser em mármore ou madeira. Esta mansão foi ocupada por uma família de industriais paulistas, o que talvez explique o uso intensivo e rebuscado de ferro.

Já passamos por uma casa onde, há tempos, uma proprietária "aproximou-se" do seu chofer e, quando o marido descobriu, na escolha entre o marido e o outro, ela escolheu o marido. Ao contrário das histórias onde um homem mais pobre desperta a paixão em uma mulher mais rica e mais velha, nesta o apaixonado foi o pobre. A coisa foi de tal modo séria, que culminou com o suicídio do chofer. Mais tarde o marido teve a sua carreira política abalada por um escândalo e teve que vender a casa para pagar dívidas. Uma foto sua de cuecas foi publicada nos jornais. Por esta e outras ele foi o primeiro deputado com o mandato parlamentar cassado no Brasil. Um corretor de imóveis foi examinar a casa para avaliação e levou sua mulher grávida do primeiro filho. Bastou que ela entrasse na casa para começar a passar mal. Foi levada às pressas para o hospital, onde acabou perdendo a criança. Os novos proprietários não tiveram melhor sorte: a mulher veio a falecer pouco tempo depois da mudança. Aos donos seguintes foi reservado o fim do casamento mais uma tentativa de seqüestro, onde o marido escapou pulando dentro do rio. Não vou aqui identificar a casa porque iria piorar a sua fama. Os atuais donos estão sempre oferecendo-a para locação ou venda, qualquer negócio, mas sem solução satisfatória.

Com certeza você já pensou: esta avenida não tem mais surpresas. Talvez mais algumas casas bonitas para serem vistas de longe, da calçada. Ledo engano! No número 99 existe a Pousada Monte Imperial Koeler; ali se hospedando você fará um mergulho no tempo do Império. A mansão, construída em 1879 por Albert Landsberg, era o antigo número 9 da Rua Dom Afonso e pertenceu à família até 1966, quando foi vendida pela primeira vez. Foi uma das mais longas ocupações pela mesma família que a construiu. O segundo proprietário, Antonio Caetano, foi um antiquário de extremo bom gosto que, ao se despedir da casa, escreveu: "Levo também recordações das cantarias, do canto dos pássaros, do farfalhar das folhas, muitas vezes refúgio dos meus pensamentos. Meu grande sonho petropolitano chegou ao final. Ficam caras lembranças de cada uma das peças que colecionei para decorar este importante solar imperial. Com o mesmo entusiasmo, vigor e alegria parto para outros sonhos e espero nunca mais parar de sonhar..."

O atual dono da mansão foi também fiel à época, e pensando em partilhar este prazer, a abriu ao público na forma de uma pousada. Mesmo se você não estiver hospedado "no século XIX", poderá visitar a mansão. Ela, apesar de ser propriedade particular, passou a integrar o roteiro cultural da cidade. O proprietário, assim como o nosso prefeito, também gosta muito de turistas e, quem sabe, nos conte mais algumas histórias do passado. Vá até a piscina, onde existe um vaso do século XVI. Foi importado da Europa para os jardins da antiga Embaixada da Argentina, na Praia de Botafogo, no Rio de Janeiro. Rematado em leilão pelo antiquário, junto com um lago em mármore de Carrara, agora aqui no jardim. Ambos representam aquele outro tempo dourado.

*Carregadores de água
do Panteon*

Do mesmo ponto de onde você vê o vaso, vire-se e olhe na parede do segundo andar, onde existe um friso grego, cópia dos carregadores de água que enfeitavam o Partenon em Atenas. O friso original foi levado para a Inglaterra e até hoje a Grécia tenta recuperá-lo.

A utilização do ferro para obras artísticas e decorativas iniciou-se na França, em 1836, na fundição artística de Val D'Osne, a melhor da época, empregando grandes mestres da forja, gravadores e escultores desta nova matéria-prima. Os motivos preferidos dos artesões de ferro foram figuras mitológicas, alegorias e divindades da Grécia Antiga. No Rio de Janeiro há diversas obras de Val D'Osne como o chafariz da Praça Monroe e, no Passeio Público, as três estátuas de Mathurin Moreau – a Primavera, o Verão e o Outono.

O principal responsável pela importação desta arte foi o paisagista Auguste Glaziou, o mesmo que desenhou diversos jardins aqui em Petrópolis. Ele incentivou D. Pedro II a encomendar, na fundição, as obras para as praças públicas, inspirando assim a decoração das casas e dos jardins privados.

Veja nesta Pousada as lanternas externas e o baldaquino cobrindo a entrada lateral: são expressivos exemplares deste tipo de trabalho. Existem ainda duas colunas quadradas, próximas da piscina, com a imagem de deuses gregos, da mesma fundição. As esculturas de ferro caíram no gosto dos brasileiros e passaram a simbolizar poder e progresso. Todos queriam parecer estar vivendo em Paris.

Se você comprou entrada para o "Som e Luz" do Museu e pretende dormir na cidade, aproveite para perguntar na recepção se ainda há apartamentos vagos.

Passada a Pousada, veremos ao lado mais uma construção do mesmo Albert Landsberg. Repare como as calhas do telhado são iguais às da vizinha.

Ande mais à frente e, passando pelo numero 61, ocupada em 1884 por Henrique Kreisscher, veremos três propriedades construídas pelo médico do Imperador, o Conde de Mota Maia. A primeira (agora duas casas geminadas de números 33 e 43) foi ocupada pelo Dr. Manoel Augusto Velho da Mota Maia, filho do Conde. A segunda foi construída para servir de moradia aos criados: veja o fundo curto do terreno, terminando no morro, o que obrigou o

Conde a construir a casa de serviços das duas residências ao lado e em frente à rua. Por último, no número 5, temos a casa do nosso Conde, construída em terreno comprado por D. Pedro II ao colono Henrique Kreisscher, o mesmo que morou no número 61. Os terrenos foram doados pelo Imperador, em 1888, a seu médico pelos serviços prestados à corte. Além de médico Dr. Motta Maia era pesquisador, tendo publicado teses sobre "A anestesia cirúrgica" e a "Distinção entre a morte real e aparente". Estudou histologia em Paris com o Professor Raunier. Quando D. Pedro II apresentou sintomas de diabete em 1887, o tratamento recomendado pelo Dr. Maia melhorou o Imperador. Quando houve a Proclamação da República e a família imperial foi banida, o Dr. Motta Maia permaneceu ao lado de seu paciente, acompanhando-o no exílio e assistindo-o até sua morte em 5 de dezembro de 1891.

A construção remete ao estilo chalé, mas com elementos franceses como as duas mansardas e a larga varanda em frente, decorada com rendilha em madeira.

Continue em direção ao centro, pela mesma calçada, agora na Rua da Imperatriz, antiga Sete de Setembro, e a mais antiga ainda Rua da Imperatriz. Explico: após a proclamação da república, o Governo tinha um medo paranóico dos monarquistas. Começaram a mudar todos os nomes relacionados ao regime anterior para apagar todas as lembranças do Império. A Rua do Imperador passou a se chamar, ironicamente, Quinze de Novembro. Depois esta rua, como aquela – da Imperatriz – voltaram a ter seus nomes da época do Império.

A volta à monarquia era o maior pavor da classe dos latifundiários e industriais no poder, que abraçaram os ideais republicanos quando tiveram os seus interesses contrariados pelo Imperador, como a Abolição. O povo não teve nada com isso, tanto que a reação violenta e extremada do Exército no massacre de Canudos foi, em grande parte, motivada pelo discurso monarquista de Antonio Conselheiro.

Continue andando e passe pela frente de um conjunto moderno de prédios em estilo dito "normando". O povo normando de antigamente, do norte da França e da Alemanha, nunca poderia imaginar que quaisquer fachadas decoradas com madeiras cruzadas sobre o reboco seriam comparadas às suas casas.

Olhe agora a Catedral daqui; este ângulo é, para mim, o mais bonito. No outro lado do rio existe uma série de casas onde reconhecemos vários estilos, em "neo-qualquer coisa". A primeira delas foi resultado californiano com toques mexicanos de origem do barroco espanhol: esta "salada" foi importada pela arquiteta americana autora da decoração do antigo Hotel Quitandinha e parecida com aquela, que já passamos, da Avenida Koeler. O número 35 é a casa construída pelo Coronel Jeronymo Ferreira Alves, oficial da Guarda Nacional e construtor também do prédio onde existiu o Grande Hotel. Este ficava em frente ao Obelisco, ponto de partida de nosso passeio. Vale a pena dar uma parada na entrada de pedestre: é o lugar de uma pequena e linda estátua completando o conjunto formado pelo portão, jardim e fachada. Ao lado existe mais um autêntico chalé alemão, com o beiral rendilhado e escada trabalhada em madeira.

Agora, por fim, temos o contraste entre o "Bunker" de concreto aparente construído para abrigar o Centro de Cultura do município e o Palácio Amarelo, sede da Câmara de Vereadores. Esta fortaleza, em cuja fachada não faltam nem canhões quadrados apontando para o outro lado do rio, foi construída e arrematada ao longo de vários governos. O seu interior vale uma visita, desde que não se espere coerência com a nossa cultura local. Abriga uma biblioteca, galeria de artes, cinema e um teatro. No início, à direita da escada principal, foi colocada uma pedra com a efígie da poetisa e escritora Gabriela Mistral. Como consulesa de seu país, o Chile, ela morou próximo daqui quando, em 1945, recebeu o prêmio Nobel de literatura.

Conta-se que durante a criação do mundo o Padre Eterno, ao ter que se ausentar, encarregou um comitê de anjos para projetarem mais uma espécie de cavalo. Uns queriam uma pata larga, outros que o lombo fosse diferente e, por fim, outros defendiam o beiço inferior largo e os olhos grandes. Ao fim de muito debate e para respeitar a opinião de todos, o Padre Eterno, na volta e para sua surpresa, encontrou criado o primeiro camelo. O nosso centro de cultura também é o resultado esdrúxulo do palpite de muitos e muitos governos e, segundo os arquitetos autores do projeto, não era nada daquilo que eles projetaram.

Devemos entrar. Assim você terá oportunidade de ver mais um pouco das pessoas locais; afinal fazer turismo não é só visitar monumentos, museus e estilos de fachadas! Aproveite para observar uma coisa curiosa nestes nativos: quando vejo fotos do povo chinês, aquela gente toda vestida com a jaqueta *Mao* e calças largas, fico imaginando o que pensaria um chinês se viesse a Petrópolis... Logo nos primeiros momentos ele iria pensar que o nosso modo de vestir talvez refletisse alguma filosofia política, como o deles. O nosso uniforme de inverno se resume em calças *jeans* e moletom, contribuição das confecções da Rua Teresa. No verão a coisa muda: a calça continua, mas o moletom cede lugar à camiseta, de preferência com alguma coisa escrita em inglês. Aqui deve ser o lugar de maior concentração de formandos das melhores universidades americanas. Temos ainda torcedores dos times de beisebol ou freqüentadores das praias de Miami e do Caribe. Desconfio que tudo isso seja resultado de sermos preguiçosos: aquela coisa de não termos que escolher a roupa no início do dia.

Em dias de chuva, o nosso chinês não verá ninguém usando capa de chuva e as pessoas usando guarda-chuva são, na maioria, mulheres (todo mundo sabe que cabelo de mulher é uma coisa complicada, se molhar...). Alguns da terra, ao viajarem, se lembram de comprar capas ou até sobretudos e, quando o inverno chega, eles tratam de desentocar os agasalhos importados. Claro que viram motivo de gozação do tipo: – se vier a neve que você está esperando nós iremos congelar! Os agasalhados, por outro lado, se escandalizam quando encontram alguém vestindo apenas uma camisa: – Puxa, como você pode suportar este frio terrível?!

Mas dentro de nossa simplicidade temos alguns orgulhos, como o de nunca mencionar que compramos as roupas na Rua Teresa, mas nas melhores lojas do Rio. Este nome de rua, ao contrário do que se poderia pensar, não é o da Santa, mas em lembrança à Dona Teresa Cristina, mulher de D. Pedro II, o que o torna elegante e singelo. A princípio era apenas um bairro operário onde moravam trabalhadores das indústrias

Rua da Imperatriz

de tecidos. A decadência das indústrias e o hábito de lidar com roupas levou os operários a iniciarem pequenas confecções familiares. Logo abriram pequenas lojas ou até vendiam nas suas salas, de frente para a rua. Hoje este comércio é o mais barato porque a maioria das lojas continuam sendo empresas familiares, onde a ponta da confecção é na mesma linha da ponta de venda.

Certo dia, quando andava pela Rua Teresa, encontrei uma mulher que vinha bufando pelo peso das sacolas de plástico e, pelo jeito, parecia ser daquelas pessoas que nasceram com a polidactilia (mais dedos do que os dez regulamentares), tantos eram os volumes enganchados nas mãos. Devia ter uns quarenta ou mais anos e era do tipo gordota, cujos cabelos cortados curtos acentuavam o rosto suado e redondo.

— Viajei dois dias e uma noite para, ao chegar aqui de manhã, começar a visitar as lojas.

– As compras são para a família? – perguntei já sabendo a resposta...

– Não. Quando meu marido me largou eu passei a vender em casa para criar a minha filha que agora me ajuda.

A senhora vem aqui para comprar, mas não tem receio que as suas freguesas venham e comprem direto aqui também?

– Nada, moço! Aquelas mulheres não têm coragem de enfrentar 48 horas no ônibus e depois passar o dia batendo calçada como eu... Eu vendo no caderno, à prestação, e garanto a qualidade. Mulher sustentada pelo marido fica muito preguiçosa... – disse a sacoleira se afastando.

Vamos sair e, dobrando à direita, iremos agora para o Palácio Amarelo, comprado em 1894 pela Prefeitura. O médico sanitarista Osvaldo Cruz, o mesmo que combateu a febre amarela, foi o nosso primeiro prefeito.

Em 1916, Osvaldo Cruz mudou-se para Petrópolis com a

intenção de recuperar a saúde seriamente abalada. O governador do Estado do Rio de Janeiro na época era Nilo Peçanha, que queria fundar a Prefeitura Municipal de Petrópolis. Como são raros os homens do quilate de Osvaldo Cruz, o governador convidou-o para assumir o cargo de prefeito, o que ele aceitou relutantemente. Mas a sua saúde o obrigou a renunciar após um ano de mandato. Porém, seu plano de governo já demonstrava a sua visão de futuro: uma usina de produção de gás a partir do lixo, distribuição de energia elétrica para as oficinas, a fim de diminuir a poluição dos fornos, regulamentação da venda de leite, um serviço sanitário eficiente, etc.

Se a visita ao Palácio Amarelo for no meio da semana, haverá sessão na Câmara, e você poderá conhecer os salões do Barão de Guaraciaba, com a desculpa de assistir aos calorosos debates dos vereadores defendendo os interesses do povo.

Palácio Amarelo

O nosso Barão de Guaraciaba era um homem de governo, amigo e protegido do Imperador. O jardim em frente ao palácio era o seu espaço particular. Em uma virada da política, estes jardins foram desapropriados e, para agredir o Barão, foram transformados em cavalariças. Assim, o seu proprietário, desgostoso com os novos vizinhos de frente, vendeu a propriedade.

O conselheiro do reino, Carlos Mayrink, seu construtor e primeiro morador, e o Barão, um apaixonado por esta casa, eram ambos homens do Império, não podiam imaginar um fim tão republicano para sua adorada mansão.

Ao sair você verá, em frente e já do topo das escadas da Câmara, os portões do Palácio de Verão dos fundadores da cidade. Em relação ao período representado para nós pelo Museu Imperial, posso adiantar que, se você procurar fundo, bem no fundo, encontrará em cada petropolitano um monarquista. Claro que espero, acompanhando a negativa veemente a esta tese, um desfilar de idéias republicanas, no mais amplo espectro político. Já houve até quem, enquanto usava argumentos contrários, se declarasse anarquista. Passei a desconfiar quando observei a ponta de orgulho das pessoas dizendo onde morava a Família Imperial. Alguns até lembram que foram colegas de colégio de algum membro daquela família.

Existem outros, isto eu já escutei, que relatam terem estado no palácio onde moram, o Grão-Pará, onde viram armaduras completas, em pé, nos corredores. Dificilmente alguém fala mal da família e quando surge um problema entre eles são os grandes jornais que divulgam e comentam, e não os petropolitanos. Aceitamos, não sem resmungar um pouco, o pagamento do laudêmio, que tem até fundamento jurídico.

Os membros da nossa família imperial não parecem herdeiros de trono, porque simplesmente trabalham. Não que o façam por diletantismo como muitas das cabeças coroadas e destronadas da Europa, mas porque, apesar de não serem pobres, eles "burguesmente" precisam mesmo trabalhar. Um é jornalista, o outro biólogo em uma ONG onde faz projetos ambientais, a irmã dele tem um antiquário, cujo nome óbvio é o "Antiquário da Princesa", e o mais velho é industrial.

Vamos atravessar a ponte em frente e ir ao Museu, o grande final do passeio. Este era o palácio de verão de D. Pedro II e o lugar, segundo ele mesmo, onde viveu seus melhores momentos.

A obra foi iniciada em 1845, de acordo com o projeto do nosso incansável Major Koeler. Os jardins foram planejados por Jean-Baptiste Binot, mas com a orientação do Imperador.

Museu Imperial/Entrada

O conjunto visto hoje harmoniza as árvores de origem estrangeira com as nossas tropicais; este equilíbrio é o resultado da seleção feita pelo próprio Imperador. Imagino os debates entre ele e o paisagista francês: os jardins da França se caracterizam por padrões simétricos, diferentes da exuberância que vemos aqui.

Antes de entrar no Museu, visite uma construção à esquerda que possui uma enorme pintura vista na maioria dos livros de história do Brasil e onde estão os veículos usados na época. Deixo para você a surpresa do reconhecimento da imagem. Aqui ficavam as antigas cocheiras e armazéns, e onde dormiam os empregados. Todos que trabalhavam no Palácio eram assalariados, inclusive os escravos.

Depois do pavilhão das carruagens é hora de entrar na nossa Versalhes brasileira. Os aposentos são bonitos e instrutivos, não só pela arte presente, mas também pela história

Museu Imperial

contada ao longo dos corredores; no entanto, são um tanto impessoais, como em todos os museus.

Quando subir ao segundo andar, olhe por uma janela dos fundos em direção à Praça e, do outro lado, o Palácio Grão-Pará. Esta praça é até hoje chamada de Bosque do Imperador porque era a continuação dos seus jardins. O Palácio Grão-Pará hospedava aqueles que prestavam serviços diretos à família imperial, como pagens e a guarda de corpo. Como a equipe era trocada a cada semana, este palácio era conhecido na época como a Casa dos Semanários.

As pessoas de personalidade forte, como D. Pedro II, tendem a deixar sua marca onde mais gostam de ficar. No segundo andar, você verá um aposento com esta marca. É o gabinete de trabalho onde o telefone, o primeiro do Brasil, e o telescópio nos falam de um homem à frente do seu tempo: D. Pedro II, como já sugere a estátua na praça com livros e jornais (vista no início do passeio). Ele era um intelectual; talvez estivesse mais à vontade em uma cátedra de universidade do que no trono como estadista.

D. Pedro II gostava de falar em vários idiomas. Lia grego e latim conforme seus autores originais; citava Sêneca e Heródoto. Dizia que o conhecimento de línguas ajudava-o a conhecer melhor os homens. Ao visitar um colégio em Marselha, na França, foi saudado em grego pelo melhor aluno da classe. Para surpresa geral a sua resposta veio no idioma de Homero. Na Europa procurou as melhores cabeças pensantes para longas conversas. Manteve contato com Nietzsche e Victor Hugo. A oposição republicana criticava-o por preferir os estudos à política. Falava hebraico e traduziu os cânticos de Salomão, de acordo com a sua biografia escrita pelo Grão-Rabino Benjamin Mossé.

Gostava das viagens para aprimorar seus conhecimentos. Procurava viajar incógnito, a ponto do poeta americano Longfellow compará-lo a Harum-al-Rachid, o príncipe de "As Mil e uma Noites", que viajava sempre disfarçado.

Certa vez desabafou: "Dizerem que eu pretendo ser sábio é tão infundado quanto acusarem-me de aspirar ao poder pessoal e, depois, os compromissos e os deveres do meu cargo não me deixam muita folga para estudar. Se eu não fosse Imperador, gostaria de ser professor. Não conheço missão mais nobre do que orientar a inteligência dos jovens e prepará-los para o futuro."

No Brasil, D. Pedro II admirava Tobias Barreto e Machado de Assis, que lhe dedicaram versos. Protegia ainda Castro Alves, Fagundes Varela, Carlos Gomes, Vitor Meireles e Pedro Américo. Liberal, ele permitia as críticas e as caricaturas. Um jornal de oposição, não tendo mais nada para atacá-lo, publicou uma caricatura: D. Pedro desembarcando em um porto estrangeiro e exclamando: "onde estão os sábios? Quero ver e conversar com os sábios"!

Nos meses de verão em Petrópolis, o Imperador passava a maior parte do dia no gabinete de trabalho, seu espaço preferido. Era aqui que ele colocava suas leituras e correspondências em dia.

Ainda no primeiro andar não perca a sala das jóias da Coroa feitas aqui mesmo por brasileiros. A coroa para a cerimônia de coroação do Imperador, na época com quinze anos, foi feita por um ourives chamado Carlos Marim, cuja oficina era na Rua do Ouvidor, 139, no Rio de Janeiro. Com o advento da República, elas não só foram guardadas no Tesouro Nacional, como também lá esquecidas. Os jornais da época, em grandes manchetes, noticiaram o encontro delas em 1906. Sendo verídica a notícia, imagino o tamanho do espanto e da honestidade do funcionário que as encontrou.

Agora calce as pantufas para entrar. Sim, é necessário: vê como o chão está brilhando? Sem o uso das pantufas isto não seria possível, considerando-se os milhares de visitantes aqui. Este piso é de mármore de Carrara e mármore preto da Bélgica e está aí desde 1854. As madeiras dos pisos e esquadrias são de jacarandá, cedro, pau-cetim, pau-rosa e vinhático. O pinho-de-riga, que é hoje muito valorizado pela beleza de seus veios, era sempre recoberto com tinta branca, quando usado como forro de teto. Sei que você não tem idade para estas coisas, mas não custa nada avisar: Não brinque de escorrega com as pantufas!

— Mas que dá vontade dá!

— Calma, não faça isso...

— Você pode cair!

— Olha que o guarda já não está gostando...

AGRADECIMENTOS

Um livro não começa quando sentamos para escrever. Isto acontece quando parte do trabalho já está desenhada em nosso inconsciente. Este relato começou mesmo nas conversas com pessoas mais capacitadas em contar os pequenos dramas e comédias desta cidade.

Assim quero agradecer aos professores de História Hamilton Crisóstomo Frias Martins e Jerônimo Ferreira Alves Neto, a quem importunei com as minhas freqüentes perguntas e dos quais sempre recebi claras, solícitas e pacientes explicações.

O correio representou sempre o elo entre uma comunidade isolada na Serra e o resto do mundo. Pelas cartas recebemos não só as notícias, mas também a presença física das pessoas distantes. O papel por elas tocado mais a letra, a formatura das frases e o jeito de contar uma alegria ou tristeza; tudo é parte de quem nos escreveu.

Quero sempre lembrar e agora agradecer com carinho a Antônio Eugênio e Vera Taulois, ele historiador de vasto conhecimento da nossa terra e ela biógrafa do nosso correio, quando passou a sua história para um livro. Lembro o Lourival Fraquas Franco, profundo conhecedor das lides cartoriais e de vasto conhecimento dos meandros de nossa sociedade local. Ele, entre inúmeros cafezinhos tomados no bar em frente ao cartório, deu-me a chave de diversos baús de segredos, através das histórias que me contava.

Havia em Petrópolis um semanário chamado Pequena Ilustração que circulou até 1945. Foi nesta publicação que colhi muito do que conto agora. A melhor maneira de escutar sobre o que aconteceu no passado é ter o privilégio de ouvir de alguém mais velho, em viva voz. Lembro a figura de Dona Margarida de Abreu Martins, viúva do jornalista Armando Martins, redator daquele semanário e matriarca dos Martins; dela recebi ao vivo, como jóias, diversos relatos vindos do século XIX.

Já foi dito que "a melhor maneira de conhecermos o nosso futuro é sabermos do nosso passado". Existem aqui duas máquinas do tempo: a biblioteca do Museu Imperial centrada no Império, contando com mais de quarenta mil volumes, periódicos e livros raros, e a Biblioteca Municipal, de interesse geral, mas com um pequeno acervo de livros que falam de Petrópolis. O mais marcante das minhas pesquisas ali foram os funcionários que guardam os seus acervos; eles, com sua santa paciência em me orientar, tornaram possível minha volta ao passado.

OBRAS CONSULTADAS E RECOMENDADAS:

· ABAD, Vera, *Deliciosa Herança* – Prazer de ler Editora, Petrópolis, 2002.

· ALBUQUERQUE, Júlio Pompeu de Castro, *Álbum Guia de Petrópolis,* Editora das Officinas Graphicas de I. Silva & C., Petrópolis, circa 1917.

· ALQUERES, José Luiz, *Petrópolis*, Viana e Mosley Editora, Petrópolis, 2002.

· ALVES NETTO, Jeronymo Ferreira, *Brasileiros ilustres em Petrópolis,* Park Graf Editora Ltda., Petrópolis, 2005.

· AMORIM, Vicente, *Petrópolis: sua história, sua lenda*, edição do autor, Petrópolis, 2002.

· Anuário do Museu Imperial, *Edição Comemorativa 50 anos do Museu Imperial e 150 anos da Fundação Petrópolis,* Petrópolis, 1995.

· ARAGÃO, Gastão Muniz, *História Ilustrada de Petrópolis,* Editora V. P. Brunlik, Petrópolis, 1962.

· BADE, Aloysio e MENDES, Gustavo D. T., *Conhecendo Petrópolis*, Editora Gráfica Serrana, Petrópolis, 1987.

· BARBOSA, Sebastião, *Avenida Koeler*, Leo Christiano Editorial, Petrópolis.

· BARROSO, Gustavo, *Segredos e Revelações da História do Brasil,* O Cruzeiro S/A, Rio de Janeiro, 1961.

· BINZER, Ina Von, *Os Meus Romanos*, Editora Paz e Terra, São Paulo, 1994.

· BURTON, Sir Richard Francis, *Viagem do Rio de Janeiro ao Morro Velho*, Livraria Itatiaia Editora Ltda., Editora da Universidade de São Paulo, 1976.

· CARVALHO, Áurea Maria, *O Município de Petrópolis,* Ao Livro Técnico, Rio de Janeiro, 1991.

· CASADEI, Thalita de Oliveira, *Petrópolis, Relatos Históricos*, Editora Jornal da Cidade, Petrópolis, 1991.

· DUMLOP, Charles J., *Petrópolis Antigamente*, Editora Erca, 1985.

· JORGE, Edmundo Palma de, *As Memórias da Rua Paulino Afonso,* Machado Horta Editora e Publicidade Ltda., Rio de Janeiro, 1985.

· JUDICE, Ruth, *Igrejas Neogóticas*, Editora Crayon Noir, Petrópolis, circa 1999.

· —————, *Palácio Cristal,* Editora Crayon Noir, Petrópolis, 1998.

· NOVAIS, Fernando A., *História da Vida Privada no Brasil,* Companhia das Letras, São Paulo, 1997.

- RABAÇO, Henrique José, *História de Petrópolis,* Edição do Instituto Histórico de Petrópolis, Petrópolis, 1985.

- READ, Piers Paul, *Os Templários,* Imago Editora, Rio de Janeiro, 2001.

- SANTOS, Paulo César dos, *Petrópolis, História De Uma Cidade Imperial,* Editora Sermograf, Petrópolis, 2001.

- SETUBAL, Paulo, *Nos Bastidores da História,* Companhia Editora Nacional, São Paulo, 1928.

- SILVA, Francisco Pereira, *Santos Dumont,* Editora Três Ltda., São Paulo 2001.

- SOUZA, Márco de, *Galvez – O Imperador do Acre,* Editora Marco Zero Ltda., São Paulo, 1995.

- TAULOIS, Antônio Eugênio, *150 anos de Colonização Alemã em Petrópolis,* Edição do Instituto Histórico de Petrópolis, 1995.

- TAULOIS, Vera Maria Muller, *Os Correios de Petrópolis: Um Passeio pela História,* Edição da Empresa Brasileira de Correios e Telégrafos.

- TAUNAY, Carlos Augusto, *Viagem Pittoresca a Petrópolis,* Editores Eduardo e Henrique Laemmert, Rio de Janeiro, 1862.

CASA DO
BARÃO DE MAUÁ
MINAS
AV. BARÃO DO RIO BRANCO
DUCHAS
PALÁCIO DE
CRISTAL
RUA PIABANHA
CATEDRAL
PALÁCIO
DA PRINCESA
AV. ROBERTO SILVEIRA
AV. KOELER
PRAÇA DA
LIBERDADE
CASA DE
SANTOS DUMONT
UNIVERSIDADE
CATÓLICA
POUSADA
MONTE IMPERIAL
KOELER
RIO DE JANEIRO
RUA TERESA